GW00503775

COLLECTION
FOLIO BILINGUE

Roald Dahl

My Lady Love, my Dove
and Other Short Stories

Ma blanche colombe
et autres nouvelles

*Traduit de l'anglais
par Élisabeth Gaspar et Hilda Barberis*

*Traduction révisée, préfacée et annotée
par Yann Yvinec*

Gallimard

Ces nouvelles sont extraites
du recueil *Bizarre! Bizarre!* (Folio n° 395).

Taken from Someone like you © *Roald Dahl Nominee Ltd., 1953.*
© *Éditions Gallimard, 1962, pour la traduction française
et 2016, pour la présente édition.*

PRÉFACE

Le succès de l'œuvre pour la jeunesse de Roald Dahl est tel (près d'une centaine de millions d'exemplaires vendus de son vivant et depuis sa mort en 1990) qu'il est fort possible qu'une partie des lecteurs de ce volume de nouvelles ait tout d'abord découvert l'auteur à travers ses livres pour les enfants. Cette extraordinaire réussite tient à une combinaison de facteurs, parmi lesquels un imaginaire qui s'ancre toujours solidement dans la réalité et se construit à partir de situations initiales souvent proches du mélodrame. Celles-ci sont sans doute à l'image de l'enfance difficile de l'auteur, affecté par la mort précoce de son père et de l'une de ses sœurs et peu épanoui lors de ses années de scolarité passées en pension. Roald Dahl met ainsi en scène des enfants souvent mal aimés, parfois orphelins, pauvres... confrontés à un monde d'adultes qui leur mènent une existence difficile. Son imagination foisonnante lui permet de s'affranchir rapidement du réel et des contingences du réalisme et de faire que se côtoient le conte, le merveilleux, le fantastique, le suspense, l'humour ou encore la caricature.

*Dans un style clair, précis et accessible à tous, Dahl crée
ainsi des histoires reflétant l'univers enfantin, dans les-
quelles les protagonistes trouvent les ressources morales
pour surmonter leurs difficultés. Selon Quentin Blake,
l'illustrateur avec lequel l'auteur travailla pendant
près d'une quinzaine d'années et entretint une grande
complicité, Roald Dahl avait la « capacité d'imaginer
des situations surréalistes – un lavabo jeté d'une fenêtre,
un plat de spaghetti en vers de terre –, il avait la pos-
sibilité de créer un univers imaginaire imprégné d'une
dimension poétique. L'ambiance de ses livres oscille
entre l'insolite et le réalisme. Ce sont des contes à la fois
baroques et émouvants, traités d'une manière comique,
qui nécessitent des équivalents graphiques porteurs
d'une même sensibilité. Certains auteurs s'accommodent
de l'illustration, mais Roald Dahl savait que c'était une
part importante du livre ».*

 *C'est lorsqu'il devint père de famille que l'écrivain
commença, au début des années 1960, à inventer des
histoires pour ses propres enfants, qu'il eut avec l'actrice
américaine Patricia Neal, sa première femme. Son premier livre pour la jeunesse,* James et la grosse pêche,
*est encore un classique aujourd'hui, tout comme le sui-
vant, son premier succès mondial,* Charlie et la chocolaterie, *et ceux qu'il publia par la suite:* Le bon gros
géant, Sacrées sorcières, Matilda...
 *Roald Dahl s'est plu à raconter qu'il concevait ses
livres pour les enfants dans une cabane située au
fond de son jardin, où il s'astreignait à écrire avec*

discipline : « *L'écrivain doit se forcer à travailler,
explique-t-il dans le récit autobiographique* Moi, Boy, *il
doit s'imposer son propre horaire, et s'il ne va pas s'as-
seoir de la journée derrière son bureau, personne n'est là
pour le lui reprocher. Si c'est un romancier, il vit dans la
peur. Chaque journée nouvelle exige des idées nouvelles
et il n'est jamais sûr de les trouver au rendez-vous.* » *Et,
ajoute-t-il :* « *Il faut être fou pour devenir écrivain. Celui
qui choisit cette profession n'a qu'une seule compensa-
tion : une absolue liberté. Il n'a pour maître que son âme,
et c'est là pour lui, j'en suis sûr, un motif déterminant.* »

*Lorsque l'on écrit à l'intention des enfants, explique
Roald Dahl, il faut avoir préservé deux caractéristiques
fondamentales de son jeune âge : la curiosité et l'imagination.* « *Personne ne se rappelle ce que c'est d'avoir six,
sept ou huit ans. Vous pensez vous en souvenir, mais
vous ne vous en souvenez pas le moins du monde ! Les
adultes sont toujours en train de vous empêcher de faire
ce dont vous avez envie. Assieds-toi ! Mange propre-
ment ! Coiffe-toi ! Sois poli ! Moi, je m'en souviens, j'ai
cette chance. Et j'écris de ce point de vue là. Alors l'enfant se dit : "Mais bon sang, il dit ce que je ressens !"* »

*Roald Dahl s'est progressivement senti investi d'une
mission : faire lire les enfants. Pour lui, il importait
avant tout que ses jeunes lecteurs soient pris par l'histoire qu'on leur met entre les mains :* « *J'essaie d'écrire
des histoires qui les saisissent à la gorge, des histoires
qu'on ne peut pas lâcher, c'est ma passion. Car si
un enfant apprend très jeune à aimer les livres, il a un
immense avantage dans la vie. Ce que je raconte dans*

mes livres n'a aucune importance et ne sert strictement à rien. Mais si, après avoir lu une de mes histoires, l'enfant dit: "Quel livre génial, j'adore les livres", alors j'ai gagné. »

Évoquer en second lieu les livres que Roald Dahl écrivit pour les adultes, c'est parcourir l'histoire à rebours puisque l'auteur débuta sa carrière littéraire en écrivant pour ce public. La rencontre déterminante en la matière fut celle de l'écrivain C.S. Forester en 1943. Roald Dahl se trouve alors en mission à Washington. Ayant terminé sa scolarité secondaire et ne souhaitant pas poursuivre ses études, il est embauché peu après, en 1934, par la compagnie pétrolière Shell, qui l'enverra ensuite travailler en Afrique. Lorsque la Seconde Guerre mondiale éclate, il s'engage en 1939 dans la Royal Air Force où on le forme pour piloter des avions. Après avoir réchappé par miracle à un crash aérien, tribulations qu'il raconte dans Escadrille 80, il est réformé en 1942 puis envoyé aux États-Unis dans un rôle de chargé des relations publiques de l'ambassade anglaise à Washington et aussi, comme on l'a découvert beaucoup plus tard, d'agent d'une officine britannique du renseignement, la British Security Coordination (BSC). C'est à cette époque, au moment de l'entrée en guerre des États-Unis, alors qu'il mène une vie mondaine et fait la connaissance de nombreuses personnalités, que Dahl rencontre Forester venu l'interviewer sur ses souvenirs de combat. Ce dernier ne lui demande que de simples notes, mais il rédige une véritable nouvelle que Forester transmet à

son propre agent littéraire. Ce texte, « Shot Down Over Libya », sera publié sous le pseudonyme de Pegasus dans le Saturday Evening Post *en 1943, et repris plus tard sous un nouveau titre : « A Piece of Cake ». En 1948, l'écrivain publie un premier roman,* Some Time Never, *suivi, en 1953, par un recueil de nouvelles parues précédemment dans la presse,* Someone Like You *(Bizarre ! Bizarre !), dont sont extraits les textes du présent volume : « Ma blanche colombe », « Le connaisseur » et « Cou ». D'autres recueils paraîtront par la suite :* Kiss Kiss *en 1960 et encore* Switch Bitch *(La grande entourloupe) en 1974. Parmi ces nouvelles, caractérisées par leur suspense, leur ironie, leur humour noir, le côté inattendu de la chute, le macabre, le fantastique ou encore l'aspect sexuel, certaines seront adaptées dans la série d'Alfred Hitchcock pour la télévision* (Alfred Hitchcock Presents). *S'il n'a donc pas encore du tout décidé de se lancer dans la littérature de jeunesse dans les années 1940 et 1950, Roald Dahl n'en a pas moins écrit un livre sur les* gremlins, *ces créatures imaginaires accusées de causer des pannes sur les avions de la RAF. Parue abrégée dans le magazine* Cosmopolitan *en 1942, l'histoire complète fut publiée par Walt Disney sous la forme d'un livre en 1943. L'adaptation prévue à l'écran dans l'immédiat après-guerre ne se concrétisa finalement pas (un film inspiré de l'ouvrage vit cependant le jour beaucoup plus tard, en 1984 :* The Gremlins) *mais le modeste succès du livre valut tout de même à son auteur une invitation à la Maison-Blanche, Eleanor Roosevelt, la femme du*

*président, à qui Dahl avait envoyé le livre, l'ayant lu à
ses petits-enfants et l'ayant apprécié.*

Il existe des correspondances entre les deux registres
de l'œuvre de Roald Dahl : celui pour la jeunesse et celui
pour le public adulte. Si la filiation est directe entre la
nouvelle « Le champion du monde », du recueil Kiss
Kiss, *et le roman pour enfants* Danny, le champion
du monde *où les différents éléments de l'intrigue sont
repris, dans d'autres cas ces rapprochements se décèlent
parfois dans des détails. Ainsi, l'index menaçant est-il
le symbole de l'autorité de la femme dominatrice dans
la nouvelle « Ma blanche colombe » (« cette habitude de
pointer sur moi un doigt pour souligner ses propos »).
Dans le livre pour enfants* Le doigt magique, *c'est
aussi ce doigt pointé qui permet à la petite fille d'exer-
cer un pouvoir sur son entourage. Parfois ces correspondances sont thématiques. Ainsi les insectes sont-ils
présents dans un certain nombre des nouvelles pour
adultes : dans « Ma blanche colombe », toujours, l'un
des protagonistes étudie les papillons, et dans* James et
la grosse pêche, *un grillon donne une leçon d'anato-
mie animale au héros : « Jeune homme, il y a des tas de
choses que tu ignores. Nos oreilles, par exemple, où sont-
elles d'après toi ? Sur le ventre. Une oreille de chaque
côté... Si tu savais où les ont mes cousins les criquets et
mes cousines les sauterelles vertes d'Amérique !... Dans
les pattes. Une oreille dans chaque patte de devant, juste
au-dessus du genou. »
On trouve encore une autre correspondance dans la*

sollicitation des sens, notamment celui de l'ouïe. Dans Le bon gros géant *(The BFG), les attributs magiques du héros sont ses oreilles qui lui permettent d'entendre les rêves et les murmures secrets du monde : ceux des insectes, encore, ou des étoiles, le cri des fleurs que l'on coupe et des arbres que l'on abat. Ce sont ces mêmes bruits que perçoit un scientifique dans la nouvelle pour adultes « La machine à capter les sons ». Et c'est un ingénieur du son qui capte, une nouvelle fois, des sons inattendus dans « Ma blanche colombe ». Mais ceux-ci ne sont cependant pas empreints de la même poésie puisque l'homme met sur écoute la chambre de ses invités...*

L'un des rapprochements les plus évidents est peut-être la place de choix que Roald Dahl accorde à la nourriture sous toutes ses formes. Son goût des confiseries lui vient sans nul doute de son enfance. Non loin de la première école que fréquenta le jeune garçon se trouvait une confiserie. « Et toujours nous nous arrêtions, explique-t-il dans Moi, Boy. *Nous nous attardions derrière la vitrine, d'assez petite taille, pour regarder les grands bocaux en verre remplis de calots, de réglisses, de bonbons acidulés et ainsi de suite... Chacun de nous recevait six pence d'argent de poche par semaine, et chaque fois que nous avions quelques pièces en poche, nous entrions et achetions un penny de ceci ou de cela. » Quelques années plus tard, alors qu'il était pensionnaire au collège privé de Repton depuis l'âge de douze ans, Dahl développa un goût prononcé pour le chocolat. Le fabricant Cadbury proposait, en effet, à quelques élèves*

de tester ses nouveautés : « De temps à autre, chacun d'entre nous se voyait attribuer une boîte en simple carton gris, et c'était, figurez-vous, un cadeau de la grande chocolaterie Cadbury [...] Tout ce qu'on nous demandait en échange de ce merveilleux cadeau, c'était de goûter chaque barre avec soin, de lui donner une note et d'écrire un commentaire intelligent indiquant pourquoi nous l'aimions ou pas. C'était une habile opération : Cadbury se servait des plus grands experts en chocolat du monde pour tester ses nouvelles inventions. [...] Nous nous lançâmes tous dans ce jeu avec le plus vif enthousiasme. Assis dans nos salles d'étude, nous grignotions chaque barre en prenant des airs de connaisseur, lui donnant une note accompagnée de commentaires. "Trop subtil pour un palais ordinaire", je me souviens avoir écrit un jour. » Ce sont des nourritures traditionnelles que décrit parfois Dahl, tel ce faisan rôti que prépare le père de Danny qui sait « qu'avant de mettre l'oiseau au four, il faudra l'entourer de bardes de lard pour qu'il soit bien fondant et ne pas oublier la sauce à la mie de pain... On ne mange jamais de faisan sans sauce à la mie de pain. » Parfois, ses recettes sont beaucoup plus farfelues, comme cette tarte aux oiseaux dans Les deux gredins. *Dans la nouvelle du présent recueil intitulée « Le connaisseur », Richard Pratt est un fin gourmet qui publie une brochure sur la bonne cuisine et pour qui ses hôtes ont préparé un repas exceptionnel. Mais ce n'est pas le menu qui fait l'objet de l'attention des convives mais le vin, l'une des grandes passions de Roald Dahl, dont la cave contenait plusieurs milliers de*

bouteilles, et qui fit déclarer à l'un de ses personnages :
« *Boire une Romanée-Conti équivaut à éprouver un orgasme à la fois dans la bouche et dans le nez* » (Mon oncle Oswald).

Parmi d'autres thèmes chers à l'auteur que l'on retrouve ici, on peut encore citer l'art contemporain (*Sir Basil Turton* dans « *Cou* » *est un collectionneur, comme le fut Roald Dahl*), les jardins (*l'écrivain s'intéressait à la culture des orchidées et Sir Basil Turton, toujours, possède un parc où l'art topiaire, qui consiste en la taille des arbres et des arbustes de jardin, a été poussé à son paroxysme ; quant au jardin des protagonistes de* « *Ma blanche colombe* », *il offre à la vue quantité de fleurs et de plantes dont les jardiniers prennent grand soin*), le goût du jeu (*Dahl s'intéressait aux courses et les personnages de la nouvelle* « *Le connaisseur* » *se lancent dans un pari à l'enjeu démesuré, thème qui revient à plusieurs reprises dans ses textes*). Sur le plan littéraire, on trouve le goût qu'éprouve l'auteur à partir d'événements banals du quotidien pour s'éloigner ensuite vers l'inattendu. Roald Dahl n'a pas pour but de faire œuvre sociologique, mais il met néanmoins en lumière un certain nombre de rapports sociaux, notamment ici celui entre les hommes et les femmes. Si ces dernières sont présentées parfois comme dominatrices, dévoreuses ou menaçantes, le regard de l'écrivain sur les hommes n'en est souvent pas moins acéré : l'homme qui parie dans « *Le connaisseur* » apparaît effrayant, plus calculateur que la femme. En réalité, tout est sans doute affaire de domination, que l'individu cherche le pouvoir sur

l'autre, ou qu'il soit dominé par une passion. Les situations auxquelles sont confrontés les personnages constituent, en fin de compte, de formidables révélateurs de chaque personnalité.

En définitive, transparaissent dans ces nouvelles les qualités que Roald Dahl estimait nécessaires pour se lancer dans l'écriture : une vive imagination, la capacité de bien écrire, soit, selon lui, celle de rendre vivante une scène dans l'esprit du lecteur, le sens de l'humour et encore celui de l'humilité. « The writer who thinks that his work is marvellous is heading for trouble » *(« l'écrivain qui pense que son travail est merveilleux va au-devant de quelques problèmes »), se plaisait-il à mettre en garde ses jeunes condisciples s'apprêtant à se lancer dans la profession.*

YANN YVINEC

My Lady Love, my Dove
and Other Short Stories

Ma blanche colombe
et autres nouvelles

Taste

Le connaisseur[1]

---

1. *Taste*: goûter, déguster ; le goût, la saveur.

There were six of us to dinner that night at Mike Schofield's house in London: Mike and his wife and daughter, my wife and I, and a man called Richard Pratt.

Richard Pratt was a famous gourmet. He was president of a small society known as the Epicures, and each month he circulated privately to its members a pamphlet on food and wines. He organized dinners where sumptuous dishes and rare wines were served. He refused to smoke for fear of harming his palate, and when discussing a wine, he had a curious, rather droll habit of referring to it as though it were a living being. "A prudent wine," he would say, "rather diffident and evasive, but quite prudent." Or, "A good-humoured wine, benevolent and cheerful – slightly obscene, perhaps, but none the less good-humoured."

Nous étions six à dîner ce soir-là chez Mike Schofield, à Londres : Mike, sa femme et sa fille, ma femme et moi, et un nommé Richard Pratt.

Richard Pratt était un fameux gourmet. Président d'un petit cercle dit « Les Épicuriens », il publiait tous les mois, à l'intention des membres de ce cercle, une brochure sur la bonne cuisine et le bon vin. Il organisait des repas où étaient servis des plats somptueux et des vins rares. Il s'abstenait de fumer pour garder intactes[1] les facultés de son palais et il avait pris l'habitude curieuse et même étrange de parler du vin comme s'il s'agissait d'un être vivant. « Un vin prudent, disait-il par exemple, manquant quelque peu de confiance et imprécis, mais d'une prudence remarquable. » Ou bien : « Un vin de bonne humeur, bienveillant et gai, un peu obscène peut-être, mais de bonne humeur. »

1. *Harming, to harm* : endommager, faire du mal.

I had been to dinner at Mike's twice before when Richard Pratt was there, and on each occasion Mike and his wife had gone out of their way to produce a special meal for the famous gourmet. And this one, clearly, was to be no exception. The moment we entered the dining-room, I could see that the table was laid for a feast. The tall candles, the yellow roses, the quantity of shining silver, the three wineglasses to each person, and above all, the faint scent of roasting meat from the kitchen brought the first warm oozings of saliva to my mouth.

As we sat down, I remembered that on both Richard Pratt's previous visits Mike had played a little betting game with him over the claret, challenging him to name its breed and its vintage. Pratt had replied that that should not be too difficult provided it was one of the great years. Mike had then bet him a case of the wine in question that he could not do it. Pratt had accepted, and had won both times. Tonight I felt sure that the little game would be played over again, for Mike was quite willing to lose the bet in order to prove that his wine was good enough to be recognized, and Pratt, for his part, seemed to take a grave, restrained pleasure in displaying his knowledge.

J'avais déjà été invité deux fois chez Mike en même temps que Richard Pratt et à chaque fois Mike et sa femme avaient fait un effort tout particulier pour composer un repas exceptionnel pour le grand gastronome. À l'évidence, il allait en être de même ce soir-là. Dès que nous entrâmes dans la salle à manger, je vis que la table était dressée pour un festin. Les grandes chandelles, les roses jaunes, les scintillements de l'argenterie impressionnante, les trois verres à vin qui complétaient chaque couvert et, par-dessus tout cela, une légère odeur de rôti qui me mit tout de suite l'eau à la bouche[1].

Je me rappelai, au moment où nous passions à table, qu'à chacune des deux précédentes visites de Richard Pratt, Mike lui avait proposé un petit pari au sujet du bordeaux que nous allions déguster, le mettant au défi d'en deviner l'origine et le millésime. Pratt avait répliqué que cela ne serait pas trop difficile s'il s'agissait d'une grande année. Chaque fois, Mike avait parié une caisse du vin en question qu'il n'y parviendrait pas. Pratt avait accepté l'enjeu et il avait gagné en ces deux occasions. Ce soir-là, j'étais sûr d'assister une nouvelle fois à ce petit jeu car Mike était prêt à perdre le pari pour montrer que son vin était d'une excellence telle qu'elle en permettait l'identification. Et Pratt, quant à lui, semblait prendre un plaisir solennel et contenu à faire étalage de son savoir.

1. *Oozings of saliva* : émissions de salive ; *to ooze* : suinter, exsuder.

The meal began with a plate of whitebait, fried very crisp in butter, and to go with it there was a Moselle. Mike got up and poured the wine himself, and when he sat down again, I could see that he was watching Richard Pratt. He had set the bottle in front of me so that I could read the label. It said, "Geierslay Ohligsberg, 1945". He leaned over and whispered to me that Geierslay was a tiny village in the Moselle, almost unknown outside Germany. He said that this wine we were drinking was something unusual, that the output of the vineyard was so small that it was almost impossible for a stranger to get any of it. He had visited Geierslay personally the previous summer in order to obtain the few dozen bottles that they had finally allowed him to have.

"I doubt whether anyone else in the country has any of it at the moment," he said. I saw him glance again at Richard Pratt. "Great thing about Moselle," he continued, raising his voice, "it's the perfect wine to serve before a claret. A lot of people serve a Rhine wine instead, but that's because they don't know any better. A Rhine wine will kill a delicate claret, you know that?

Le repas débuta par une friture au beurre, bien dorée et bien croquante, arrosée d'un moselle. Mike se leva et nous le servit lui-même et, lorsqu'il se rassit, je constatai qu'il observait Richard Pratt. Mike avait posé la bouteille devant moi et je pus lire l'étiquette : « Geierslay Ohligsberg[1] 1945. » Penché vers moi, Mike m'expliqua à mi-voix que Geierslay était un tout petit village de Moselle, à peu près inconnu hors des frontières de l'Allemagne. Il m'apprit ensuite que le vin que nous buvions était des plus rares puisque, provenant d'un vignoble dont la production était si limitée, il était pratiquement impossible pour un étranger de s'en procurer. L'été dernier, il était allé lui-même à Geierslay pour obtenir les quelques douzaines de bouteilles qu'on avait finalement accepté de lui céder.

« Je doute que qui que ce soit d'autre dans le pays possède à l'heure actuelle quelques bouteilles de ce vin », déclara-t-il. Et je le vis jeter un nouveau coup d'œil vers Richard Pratt. « Le grand mérite d'un moselle, poursuivit Mike en élevant la voix, c'est qu'il s'agit du vin idéal à servir avant un bordeaux. Si beaucoup de gens servent un vin du Rhin à la place, c'est qu'ils ne connaissent rien de mieux. Or, un vin du Rhin tue littéralement un bordeaux, le saviez-vous ?

---

1. Geierslay Ohligsberg : vin produit à Wintrich, sur les rives de la Moselle, dans la région de Rhénanie-Palatinat.

It's barbaric to serve a Rhine before a claret. But a Moselle – ah! – a Moselle is exactly right."

Mike Schofield was an amiable, middle-aged man. But he was a stockbroker. To be precise, he was a jobber in the stock market, and like a number of his kind, he seemed to be somewhat embarrassed, almost ashamed to find that he had made so much money with so slight a talent. In his heart he knew that he was not really much more than a bookmaker – an unctuous, infinitely respectable, secretly unscrupulous bookmaker – and he knew that his friends knew it, too. So he was seeking now to become a man of culture, to cultivate a literary and aesthetic taste, to collect paintings, music, books, and all the rest of it. His little sermon about Rhine wine and Moselle was a part of this thing, this culture that he sought.

"A charming little wine, don't you think?" he said. He was still watching Richard Pratt. I could see him give a rapid furtive glance down the table each time he dropped his head to take a mouthful of whitebait.

C'est une aberration de servir un vin du Rhin avant un subtil bordeaux. Tandis qu'un moselle, ah! un moselle, c'est exactement ce qu'il faut! »

Mike Schofield était un homme fort aimable, entre deux âges. Mais il était agent de change de son métier. Pour être plus précis, il était agioteur[1] à la Bourse. Et comme beaucoup de gens de son espèce, il semblait souvent un peu embarrassé, presque honteux de constater qu'il avait gagné tant d'argent avec des aptitudes aussi limitées. Car il savait qu'il n'était au fond pas grand-chose de plus qu'un bookmaker, un doucereux petit book-maker infiniment respectable et discrètement dépourvu de scrupules. Et il savait que ses amis le savaient aussi. C'est pourquoi il s'efforçait à présent de se muer en un homme cultivé, un lettré, un amateur d'art. Il faisait collection de tableaux, de disques, de livres et de tout ce qui s'ensuit. Son petit discours sur les vins du Rhin et de Moselle participait de ce processus, de cette culture qu'il s'efforçait d'acquérir.

« Charmant petit vin, n'est-ce pas? » dit-il, sans quitter des yeux le visage de Richard Pratt. Je le voyais jeter à la dérobée de rapides coups d'œil de l'autre côté de la table à chaque fois qu'il baissait la tête pour prendre une bouchée de poisson.

---

1. *Jobber*: intermédiaire qui travaille directement avec un agent de change.

I could almost *feel* him waiting for the moment when Pratt would take his first sip, and look up from his glass with a smile of pleasure, of astonishment, perhaps even of wonder, and then there would be a discussion and Mike would tell him about the village of Geierslay.

But Richard Pratt did not taste his wine. He was completely engrossed in conversation with Mike's eighteen-year-old daughter, Louise. He was half turned towards her, smiling at her, telling her, so far as I could gather, some story about a chef in a Paris restaurant. As he spoke, he leaned closer and closer to her, seeming in his eagerness almost to impinge upon her, and the poor girl leaned as far as she could away from him, nodding politely, rather desperately, and looking not at his face but at the topmost button of his dinner jacket.

We finished our fish, and the maid came round removing the plates. When she came to Pratt, she saw that he had not yet touched his food, so she hesitated, and Pratt noticed her. He waved her away, broke off his conversation, and quickly began to eat, popping the little crisp brown fish quickly into his mouth with rapid jabbing movements of his fork. Then, when he had finished,

Je pouvais, pour ainsi dire, ressentir son attente du moment où Pratt absorberait une première petite gorgée de vin, lèverait le regard par-dessus son verre avec un sourire de plaisir, d'étonnement et peut-être même d'émerveillement. Un échange de points de vue s'ensuivrait et Mike lui donnerait des détails sur le village de Geierslay.

Mais Richard Pratt n'avait pas encore touché à son verre. Il était totalement absorbé par sa conversation avec la fille de Mike, Louise, jeune fille de dix-huit ans. À moitié tourné vers elle, il lui racontait en lui souriant, à en juger d'après les bribes qui me parvenaient, une histoire où il était question d'un chef cuisinier parisien. Il lui parlait de près, de plus en plus près, c'est tout juste, dans son empressement, s'il ne la touchait pas. Et la pauvre jeune fille le fuyait comme elle pouvait en se penchant dans l'autre sens, hochant la tête poliment ou plutôt désespérément, les yeux fixés non sur le visage mais sur le bouton le plus haut du smoking de son interlocuteur.

Nous venions de finir le poisson et la bonne apparut pour enlever les assiettes. Arrivée près de Pratt, elle s'aperçut que ce dernier n'avait pas touché à la nourriture, alors elle marqua un temps d'hésitation et Pratt le remarqua. Il lui fit signe de se retirer, interrompit sa conversation et se mit à manger rapidement, enfournant la friture dorée et croustillante à petits coups de fourchette saccadés. Puis, lorsqu'il eut terminé,

he reached for his glass, and in two short swallows he tipped the wine down his throat and turned immediately to resume his conversation with Louise Schofield.

Mike saw it all. I was conscious of him sitting there, very still, containing himself, looking at his guest. His round jovial face seemed to loosen slightly and to sag, but he contained himself and was still and said nothing.

Soon the maid came forward with the second course. This was a large roast of beef. She placed it on the table in front of Mike who stood up and carved it, cutting the slices very thin, laying them gently on the plates for the maid to take around. When he had served everyone, including himself, he put down the carving knife and leaned forward with both hands on the edge of the table.

"Now," he said, speaking to all of us but looking at Richard Pratt. "Now for the claret. I must go and fetch the claret, if you'll excuse me."

"You go and fetch it, Mike?" I said. "Where is it?"

"In my study, with the cork out – breathing."

"Why the study?"

"Acquiring room temperature, of course. It's been there twenty-four hours."

il prit son verre et le vida en deux gorgées. Après quoi, il se retourna sans attendre vers Louise Schofield pour reprendre son récit.

Rien de tout cela n'avait échappé à Mike. Je pus le voir, assis là, totalement immobile, dominant ses sentiments, les yeux toujours braqués sur son invité. Son visage rond et jovial sembla se relâcher légèrement et s'affaisser, mais il maîtrisa sa nervosité, toujours sans bouger, et ne dit rien.

Un peu plus tard, la bonne apporta le second plat, un superbe rôti de bœuf. Elle le présenta à Mike qui se leva, le découpa et en fit de très fines tranches qu'il déposait délicatement sur les assiettes que la bonne passait aux convives. Lorsqu'il eut servi tout le monde, lui y compris, il posa son couteau, puis se pencha en avant, les deux mains sur le rebord de la table.

« Voyons ! » dit-il, s'adressant à nous tous, mais ne regardant que Richard Pratt, « le bordeaux, maintenant. Je dois aller chercher le bordeaux. Voulez-vous m'excuser un instant ?

— Le chercher, Mike ? demandai-je. Mais où est-il donc ?

— Dans mon cabinet de travail, débouché[1], il respire.

— Pourquoi le cabinet de travail ?

— Pour le chambrer, voyons. Il y est depuis vingt-quatre heures.

---

1. *Cork* : bouchon.

"But why the study?"

"It's the best place in the house. Richard helped me choose it last time he was here."

At the sound of his name, Pratt looked round.

"That's right, isn't it?" Mike said.

"Yes," Pratt answered, nodding gravely. "That's right."

"On top of the green filing cabinet in my study," Mike said. "That's the place we chose. A good draught-free spot in a room with an even temperature. Excuse me now, will you, while I fetch it."

The thought of another wine to play with had restored his humour, and he hurried out of the door, to return a minute later more slowly, walking softly, holding in both hands a wine basket in which a dark bottle lay. The label was out of sight, facing downwards. "Now!" he cried as he came towards the table. "What about this one, Richard? You'll never name this one!"

Richard Pratt turned slowly and looked up at Mike, then his eyes travelled down to the bottle nestling in its small wicker basket,

— Mais pourquoi le cabinet de travail ?

— C'est le meilleur endroit de la maison pour cela. Richard m'a poussé à faire ce choix la dernière fois qu'il était ici. »

Pratt, qui venait d'entendre prononcer son nom, tourna la tête.

« C'est bien cela, n'est-ce pas ? dit Mike.

— Oui, répondit Pratt en hochant gravement la tête. C'est bien cela.

— Sur le classeur vert[1], dans mon cabinet de travail, précisa Mike. C'est l'endroit que nous avons choisi. Un coin qui est à l'abri de l'humidité, dans une pièce bien tempérée. Et maintenant, si vous voulez bien m'excuser, je vais chercher le vin. »

À l'idée de s'amuser avec un autre vin, il avait retrouvé sa bonne humeur. Il sortit rapidement pour reparaître au bout d'une minute, d'un pas plus mesuré. Avançant avec précaution, il tenait à deux mains une corbeille dans laquelle reposait une bouteille de couleur sombre. L'étiquette, retournée vers le fond de la corbeille, était invisible. « Eh bien, s'écria Mike en s'approchant de la table, qu'en pensez-vous, Richard ? Celui-ci, vous ne le trouverez jamais ! »

Richard Pratt se tourna lentement et leva la tête vers Mike. Puis son regard descendit pour se poser sur la bouteille blottie dans son petit panier d'osier.

---

1. *Filing cabinet* : un classeur (meuble d'archivage).

and he raised his eyebrows, a slight, supercilious arching of the brows, and with it a pushing outward of the wet lower lip, suddenly imperious and ugly.

"You'll never get it," Mike said. "Not in a hundred years."

"A claret?" Richard Pratt asked, condescending.

"Of course."

"I assume, then, that it's from one of the smaller vineyards?"

"Maybe it is, Richard. And then again, maybe it isn't."

"But it's a good year? One of the great years?"

"Yes, I guarantee that."

"Then it shouldn't be too difficult," Richard Pratt said, drawling his words, looking exceedingly bored. Except that, to me, there was something strange about his drawling and his boredom: between the eyes a shadow of something evil, and in his bearing an intentness that gave me a faint sense of uneasiness as I watched him.

"This one is really rather difficult," Mike said. "I won't force you to bet on this one."

"Indeed. And why not?" Again the slow arching of the brows, the cool, intent look.

"Because it's difficult."

Il sourcilla ; l'arc de ses sourcils se fit légèrement hautain et il avança une lippe impérieuse et mouillée, ce qui le rendit tout à coup autoritaire et très laid.

« Vous ne trouverez jamais, dit Mike, jamais, vous m'entendez ?

— Un bordeaux ? demanda Richard, condescendant.

— Évidemment.

— Alors, je suppose qu'il provient d'un petit vignoble.

— Si vous voulez, Richard. Peut-être. Nous verrons bien.

— Mais c'est une bonne année ? Une des grandes années ?

— Oui, je vous le garantis.

— Alors, ce ne devrait pas être trop difficile », dit Richard Pratt d'une voix traînante, l'air extrêmement blasé. La lenteur de son élocution et son ennui me parurent étranges. Un pli malveillant s'était formé entre ses deux yeux et son comportement laissait entrevoir des intentions qui me firent éprouver un vague malaise en l'observant.

« Celui-ci sera justement vraiment difficile à trouver, dit Mike. Je ne vous forcerai pas à entrer dans le jeu.

— Vraiment ? Et pourquoi pas ? » Il eut le même regard froid et déterminé sous l'arc dédaigneux des sourcils.

« Parce que c'est difficile.

"That's not very complimentary to me, you
know."

"My dear man," Mike said, "I'll bet you with
pleasure, if that's what you wish."

"It shouldn't be too hard to name it."

"You mean you want to bet?"

"I'm perfectly willing to bet," Richard Pratt
said.

"All right, then, we'll have the usual. A case of
the wine itself."

"You don't think I'll be able to name it, do
you."

"As a matter of fact, and with all due respect,
I don't," Mike said. He was making some effort
to remain polite, but Pratt was not bothering
overmuch to conceal his contempt for the whole
proceeding. And yet, curiously, his next question
seemed to betray a certain interest.

"You like to increase the bet?"

"No, Richard. A case is plenty."

"Would you like to bet fifty cases?"

"That would be silly."

Mike stood very still behind his chair at the
head of the table, carefully holding the bottle in its
ridiculous wicker basket.

— Ce que vous dites là n'est pas très flatteur pour moi, savez-vous ?

— Mon cher ami, dit Mike, je parierai avec le plus grand plaisir si vous le désirez.

— Ce ne sera certainement pas si difficile d'identifier ce vin.

— Dois-je comprendre que vous acceptez le pari ?

— Je suis absolument prêt à parier, dit Richard Pratt.

— Très bien. L'enjeu sera, comme d'habitude, une caisse du même vin.

— Vous me croyez incapable de gagner ce pari, n'est-ce pas ?

— En effet, et malgré l'estime que j'ai pour vous, je vous crois incapable de trouver le nom de ce vin », dit Mike, s'efforçant de rester poli. Mais Pratt ne chercha pas trop à cacher son mépris pour les procédés chers à Mike. Curieusement, sa question suivante révéla cependant qu'il portait un intérêt certain à ce jeu :

« Voulez-vous que nous augmentions l'enjeu ?

— Non, Richard. Une caisse suffira.

— Vous ne voudriez pas parier cinquante caisses ?

— Ce serait une folie ! »

Mike, figé debout derrière sa chaise à l'extrémité de la table, tenait toujours dans ses mains le grotesque panier d'osier qui contenait la bouteille.

There was a trace of whiteness around his nostrils now, and his mouth was shut very tight.

Pratt was lolling back in his chair, looking up at him, the eyebrows raised, the eyes half closed, a little smile touching the corners of his lips. And again I saw, or thought I saw, something distinctly disturbing about the man's face, that shadow of intentness between the eyes, and in the eyes themselves, right in their centres where it was black, a small slow spark of shrewdness, hiding.

"So you don't want to increase the bet?"

"As far as I'm concerned, old man, I don't give a damn," Mike said. "I'll bet you anything you like."

The three women and I sat quietly, watching the two men. Mike's wife was becoming annoyed; her mouth had gone sour and I felt that at any moment she was going to interrupt. Our roast beef lay before us on our plates, slowly steaming.

"So you'll bet me anything I like?"

"That's what I told you. I'll bet you anything you damn well please, if you want to make an issue out of it."

"Even ten thousand pounds?"

"Certainly I will, if that's the way you want it." Mike was more confident now.

Le contour de ses narines avait quelque peu blanchi à présent et sa bouche n'était plus qu'une barre étroite.

Adossé avec nonchalance, les yeux mi-clos, Pratt leva sur Mike ses sourcils hautains, une ébauche de sourire au coin des lèvres. Et, de nouveau, je lus ou je crus lire sur le visage de cet homme quelque chose de trouble, une ombre de méchanceté dans le froncement de ses yeux et, au plus noir de ses yeux, je discernai, dissimulée, une petite lueur diabolique.

« Ainsi, vous ne désirez pas augmenter l'enjeu ?

— En ce qui me concerne, mon vieux, cela m'est fichtrement égal, dit Mike. Je parierai tout ce que vous voulez. »

Jusque-là, les trois femmes et moi avions écouté en silence, observant les deux hommes. Mais l'épouse de Mike paraissait de plus en plus contrariée. Sa bouche était devenue amère et je sentis qu'elle allait intervenir d'un instant à l'autre. Dans nos assiettes se trouvaient les tranches de rosbif dont la fumée s'élevait avec lenteur.

« Vous accepterez n'importe quelle proposition de ma part ?

— C'est ce que je viens de vous donner à entendre. J'accepterai n'importe quel fichu enjeu si cela peut vous faire plaisir.

— Même dix mille livres ?

— Certainement, si c'est ce que vous désirez. » Mike paraissait plus confiant à présent.

He knew quite well that he could call any sum Pratt cared to mention.

"So you say I can name the bet?" Pratt asked again.

"That's what I said."

There was a pause while Pratt looked slowly around the table, first at me, then at the three women, each in turn. He appeared to be reminding us that we were witness to the offer.

"Mike!" Mrs Schofield said. "Mike, why don't we stop this nonsense and eat our food. It's getting cold."

"But it isn't nonsense," Pratt told her evenly. "We're making a little bet."

I noticed the maid standing in the background holding a dish of vegetables, wondering whether to come forward with them or not.

"All right, then," Pratt said. "I'll tell you what I want you to bet."

"Come on, then," Mike said, rather reckless. I don't give a damn what it is – you're on.

Pratt nodded, and again the little smile moved the corners of his lips, and then, quite slowly, looking at Mike all the time, he said, "I want you to bet me the hand of your daughter in marriage."

Louise Schofield gave a jump. "Hey!" she cried. "No! That's not funny! Look here, Daddy, that's not funny at all."

Il se savait parfaitement en mesure de payer la somme qu'il plairait à Pratt de proposer.

« Ainsi vous m'autorisez à fixer l'enjeu ?

— Je viens de vous le faire comprendre. »

Il y eut un silence qui permit à Pratt de promener son regard tout autour de la table. Il le posa d'abord sur moi, puis sur chacune des trois femmes, comme pour nous faire constater que nous étions les témoins de son offre.

« Mike, dit alors Mrs. Schofield, pourquoi continuer ce jeu insensé ? Mangeons plutôt notre rosbif. Il va être froid !

— Mais ce n'est pas un jeu insensé, lui dit calmement Pratt. Il s'agit d'un petit pari. »

J'aperçus la bonne, au fond de la pièce. Elle portait un plat de légumes, l'air de se demander si elle devait avancer ou non.

« Bien, dit Pratt, je vais vous dire quel sera l'enjeu de notre pari.

— Je vous écoute, dit Mike, téméraire, et soyez certain que je ne le refuserai pas, allez-y. »

Pratt hocha la tête, le petit sourire énigmatique noté précédemment apparut au coin de ses lèvres, puis, calmement, sans cesser de regarder Mike, il dit : « Voici l'enjeu. Je vous demande de m'accorder la main de votre fille. »

Louise Schofield sursauta : « Non ! s'écria-t-elle. Ce n'est pas drôle ! Écoute, papa, ce n'est pas drôle du tout ! »

"No, dear," her mother said. "They're only joking."

"I'm not joking," Richard Pratt said.

"It's ridiculous," Mike said. He was off balance again now.

"You said you'd bet anything I liked."

"I meant money."

"You didn't *say* money."

"That's what I meant."

"Then it's a pity you didn't say it. But anyway, if you wish to go back on your offer, that's quite all right with me."

"It's not a question of going back on my offer, old man. It's a no-bet anyway, because you can't match the stake. You yourself don't happen to have a daughter to put up against mine in case you lose. And if you had, I wouldn't want to marry her."

"I'm glad of that, dear," his wife said.

"I'll put up anything you like," Pratt announced. "My house, for example. How about my house?"

"Which one?" Mike asked, joking now.

"The country one."

"Why not the other one as well?"

"All right then, if you wish it. Both my houses."

— Calme-toi, ma chérie, fit sa mère. Ce n'est qu'une plaisanterie !

— Je ne plaisante pas, dit Richard Pratt.

— C'est ridicule ! dit Mike, perdant de nouveau son sang-froid.

— Vous vous disiez prêt à accepter n'importe quel enjeu.

— J'entendais par là une somme d'argent.

— Vous ne l'avez pas précisé.

— Je n'ai pas pensé à autre chose.

— Dommage de ne pas l'avoir dit. Mais, de toute façon, si vous voulez revenir sur votre offre, je ne m'y opposerai pas.

— Il ne s'agit pas de revenir sur mon offre, mon vieux. Mais ce pari n'a pas de sens puisque vous ne pouvez pas offrir d'enjeu équivalent. De votre côté, dans le cas où vous perdriez, vous n'auriez pas de fille à offrir en mariage comme je peux le faire. Et même si vous en aviez une, je ne voudrais pas l'épouser.

— Ce qui me fait plaisir, mon chéri ! dit son épouse.

— Je vous offre tout ce que vous voudrez, déclara Pratt. Ma maison, par exemple. Que diriez-vous de ma maison ?

— Laquelle ? demanda Mike, plaisantant à présent.

— Ma maison de campagne.

— Et pourquoi pas l'autre, aussi ?

— Très bien, les deux si vous le désirez. »

At that point I saw Mike pause. He took a step forward and placed the bottle in its basket gently down on the table. He moved the salt-cellar to one side, then the pepper, and then he picked up his knife, studied the blade thoughtfully for a moment, and put it down again. His daughter, too, had seen him pause.

"Now, Daddy!" she cried. "Don't be *absurd*! It's *too* silly for words. I refuse to be betted on like this."

"Quite right, dear," her mother said. "Stop it at once, Mike, and sit down and eat your food."

Mike ignored her. He looked over at his daughter and he smiled, a slow, fatherly, protective smile. But in his eyes, suddenly, there glimmered a little triumph. "You know," he said, smiling as he spoke. "You know, Louise, we ought to think about this a bit."

"Now, stop it, Daddy! I refuse even to listen to you! Why, I've never heard anything so ridiculous in my life!"

"No, seriously, my dear. Just wait a moment and hear what I have to say."

"But I don't *want* to hear it."

"Louise! Please! It's like this. Richard, here, has offered us a serious bet. He is the one who wants to make it, not me. And if he loses, he will have to hand over a considerable amount of property. Now, wait a minute, my dear, don't interrupt. The point is this. *He cannot possibly win.*"

Je vis Mike marquer un temps d'arrêt. Il fit un pas et posa doucement sur la table la bouteille dans son panier. Il déplaça la salière d'un côté puis le poivrier. Il attrapa ensuite son couteau, en examina la lame un moment d'un air pensif, et le reposa. Sa fille, elle aussi, l'avait vu hésiter.

« Assez, papa, ça suffit ! s'écria-t-elle. Ne sois pas fou ! Il n'y a pas de mots pour qualifier une stupidité pareille ! Je refuse d'être l'enjeu d'un pari !

— Tu as parfaitement raison, ma chérie, dit sa mère. Cesse ce jeu, Mike. Assieds-toi et mange ! »

Mike ne l'écouta pas. Il regarda sa fille pardessus la table, avec un long sourire on ne peut plus paternel et protecteur. Mais dans ses yeux apparut soudain une petite lueur triomphale. « Tu sais, fit-il sans cesser de sourire, tu sais, Louise, nous devrions réfléchir un peu !

— Ça suffit maintenant, papa ! Je ne veux même pas en entendre parler ! Je n'ai jamais rien entendu d'aussi ridicule !

— Mais non, ma chérie, sérieusement, écoute-moi une seconde, je vais t'expliquer !

— Mais je ne veux absolument pas t'écouter !

— Louise, je t'en prie ! Écoute-moi ! Voilà, Richard vient de nous faire une offre sérieuse. C'est lui qui a voulu ce pari, pas moi. S'il perd, il devra me céder une partie considérable de sa fortune. Allons, attends une seconde, ma chérie, ne m'interromps pas ! L'important dans tout cela, c'est qu'il est absolument impossible qu'il gagne.

"He seems to think he can."

"Now listen to me, because I know what I'm talking about. The expert, when tasting a claret – so long as it is not one of the famous great wines like Lafite or Latour – can only get a certain way towards naming the vineyard. He can, of course, tell you the Bordeaux district from which the wine comes, whether it is from St Émilion, Pomerol, Graves, or Médoc. But then each district has several communes, little counties, and each county has many, many small vineyards. It is impossible for a man to differentiate between them all by taste and smell alone. I don't mind telling you that this one I've got here is a wine from a small vineyard that is surrounded by many other small vineyards, and he'll never get it. It's impossible."

"You can't be sure of that," his daughter said.

"I'm telling you I can. Though I say it myself, I understand quite a bit about this wine business, you know. And anyway, heavens alive, girl, I'm your father and you don't think I'd let you in for – for something you didn't want, do you? I'm trying to make you some money."

"Mike!" his wife said sharply. "Stop it now, Mike, please!"

Again he ignored her. "If you will take this bet," he said to his daughter, "in ten minutes you will be the owner of two large houses."

— Il a l'air de penser le contraire.

— Écoute-moi bien, je sais de quoi je parle. Un expert qui goûte un bordeaux, à condition qu'il ne s'agisse pas d'un très grand nom, un Lafite ou un Latour, par exemple, ne peut pas trouver à coup sûr de quel domaine il provient. Il peut naturellement deviner l'appellation d'origine de ces vins, il dira si c'est un saint-émilion, un pomerol, un graves ou un médoc. Mais chacune de ces subdivisions comporte plusieurs communes et chacune de ces communes plusieurs secteurs avec une quantité de petits vignobles. Il est impossible d'identifier le produit d'un de ces petits vignobles seulement d'après son goût et son odeur. Eh bien, sache que le vin que voici provient d'un petit vignoble qui est entouré de beaucoup d'autres petits vignobles. Il ne trouvera jamais. C'est impossible.

— Tu ne peux pas en être sûr, lui dit sa fille.

— Puisque je te le dis. Même si c'est moi qui le dis, tu sais bien que je m'y connais en vin. Et enfin, grands dieux, ma fille, je suis ton père et tu ne peux pas me croire capable de t'imposer une chose que tu ne désires pas, si ? J'essaie, au contraire, de te faire gagner de l'argent !

— Mike, fit sa femme d'une voix stridente, ça suffit, Mike, arrête maintenant, s'il te plaît ! »

L'ignorant à nouveau, il s'adressa à sa fille : « Si tu acceptes ce pari, tu seras dans dix minutes la propriétaire de deux grandes maisons !

"But I don't want two large houses, Daddy."

"Then sell them. Sell them back to him on the spot. I'll arrange all that for you. And then, just think of it, my dear, you'll be rich! You'll be independent for the rest of your life!"

"Oh, Daddy, I don't like it. I think it's silly."

"So do I," the mother said. She jerked her head briskly up and down as she spoke, like a hen. "You ought to be ashamed of yourself, Michael, ever suggesting such a thing! Your own daughter, too!"

Mike didn't even look at her. "Take it!" he said eagerly, staring hard at the girl. "Take it, quick! I'll guarantee you won't lose."

"But I don't like it, Daddy."

"Come on, girl. Take it!"

Mike was pushing her hard. He was leaning towards her, fixing her with two hard bright eyes, and it was not easy for the daughter to resist him.

"But what if I lose?"

"I keep telling you, you can't lose. I'll guarantee it."

"Oh, Daddy, must I?"

"I'm making you a fortune. So come on now. What do you say, Louise? All right?"

For the last time, she hesitated. Then she gave a helpless little shrug of the shoulders and said,

— Mais je ne veux pas être la propriétaire de deux grandes maisons, papa !

— Alors, tu les vends. Revends-les-lui sur-le-champ ! J'arrangerai tout ça pour toi. Et puis, réfléchis un peu, ma chérie, tu seras riche ! Tu seras indépendante pour le reste de ta vie !

— Papa, je n'aime pas cette histoire. Je trouve tout ça idiot.

— Je suis de l'avis de Louise », dit la mère. En parlant, elle secouait rapidement la tête de haut en bas, telle une poule. « Tu devrais avoir honte, Michael, de seulement imaginer faire une pareille proposition, de mêler ta propre fille à une histoire pareille ! »

Mike ne la regarda même pas. « Accepte ! supplia-t-il, fixant sa fille avec sévérité. Accepte, Louise, tout de suite ! Je te garantis que tu ne seras pas perdante.

— Mais ça me déplaît, papa.

— Voyons, ma petite, accepte ! Allez ! »

Penché en avant, Mike faisait pression sur sa fille, la fixant de ses yeux clairs et durs. Elle eut beaucoup de mal à soutenir ce regard.

« Mais si je perds ?

— C'est impossible, je te le répète. Je te le garantis.

— Il le faut vraiment, papa ?

— Je suis en train de te faire faire fortune. Allez, maintenant, que dis-tu, Louise ? Es-tu d'accord ? »

Une dernière fois, elle hésita. Puis elle eut un petit haussement d'épaules résigné et dit :

"Oh, all right, then. Just so long as you swear there's no danger of losing."

"Good!" Mike cried. "That's fine! Then it's a bet."

"Yes," Richard Pratt said, looking at the girl. "It's a bet."

Immediately, Mike picked up the wine, tipped the first thimbleful into his own glass, then skipped excitedly around the table filling up the others. Now everyone was watching Richard Pratt, watching his face as he reached slowly for his glass with his right hand and lifted it to his nose. The man was about fifty years old and he did not have a pleasant face. Somehow, it was all mouth – mouth and lips – the full, wet lips of the professional gourmet, the lower lip hanging downward in the centre, a pendulous, permanently open taster's lip, shaped open to receive the rim of a glass or a morsel of food. Like a keyhole, I thought, watching it; his mouth is like a large wet keyhole.

Slowly he lifted the glass to his nose. The point of the nose entered the glass and moved over the surface of the wine, delicately sniffing.

« Eh bien, c'est entendu. Si tu me jures que je n'ai aucune chance de perdre...

— Parfait ! s'écria Mike. Voilà qui est parfait ! Nous allons pouvoir parier.

— Oui, dit Richard Pratt en regardant la jeune fille. Nous allons pouvoir parier. »

Mike sortit aussitôt la bouteille de son panier. Il versa tout d'abord un doigt de vin[1] dans son propre verre, puis fit[2] nerveusement le tour de la table pour remplir celui des autres. À présent, tous les regards étaient posés sur Richard Pratt, observant son visage tandis qu'il tendait lentement la main droite pour saisir son verre et l'approcher de son nez. L'homme était âgé d'une cinquantaine d'années et son visage n'avait rien de séduisant. Il était, en quelque sorte, mangé par une bouche et des lèvres, des lèvres épaisses et mouillées de gourmet professionnel. Des lèvres perpétuellement entrouvertes de dégustateur, une lèvre inférieure pendante et affaissée en son centre, modelée pour recevoir le rebord d'un verre ou une bouchée de nourriture. Une bouche en trou de serrure. « C'est bien cela, me disais-je en l'observant. Un gros trou de serrure mouillé. »

Lentement, il leva son verre jusqu'à son nez, dont la pointe pénétra à l'intérieur, évoluant au-dessus du niveau du vin en reniflant délicatement.

1. *A thimbleful* : un doigt, une goutte (*a thimble* : un dé à coudre).
2. *Skip* : sauter, faire un bond.

He swirled the wine gently around in the glass to receive the bouquet. His concentration was intense. He had closed his eyes, and now the whole top half of his body, the head and neck and chest, seemed to become a kind of huge sensitive smelling-machine, receiving, filtering, analysing the message from the sniffing nose.

Mike, I noticed, was lounging in his chair, apparently unconcerned, but he was watching every move. Mrs Schofield, the wife, sat prim and upright at the other end of the table, looking straight ahead, her face tight with disapproval. The daughter, Louise, had shifted her chair away a little, and side-wise, facing the gourmet, and she, like her father, was watching closely.

For at least a minute, the smelling process continued; then, without opening his eyes or moving his head, Pratt lowered the glass to his mouth and tipped in almost half the contents. He paused, his mouth full of wine, getting the first taste; then, he permitted some of it to trickle down his throat and I saw his Adam's apple move as it passed by. But most of it he retained in his mouth. And now, without swallowing again, he drew in through his lips a thin breath of air which mingled with the fumes of the wine in the mouth and passed on down into his lungs.

Il fit tourner doucement le liquide sur le pourtour du verre pour mieux faire entrer le bouquet dans ses narines. Sa concentration était intense. Il avait fermé les yeux et, à présent, toute la partie supérieure de son corps, sa tête, son cou, sa poitrine, semblait transformée en une énorme machine à humer, une machine qui captait, filtrait, analysait le message du nez qui aspirait l'air.

Je constatai que Mike, adossé sur sa chaise, affichait une attitude désinvolte comme si tout cela le concernait à peine mais aucun geste de Pratt ne lui échappait. Mrs. Schofield, l'épouse, assise à l'autre bout de la table, raide et mal à l'aise, regardait droit devant elle, le visage figé et réprobateur. Louise, la fille, avait un peu éloigné sa chaise et, de côté, faisant face au gourmet, suivait ce qui se passait, aussi attentive que son père.

Le processus d'identification des arômes se prolongea durant au moins une minute. Puis, sans rouvrir les yeux et sans bouger la tête, Pratt porta le verre à sa bouche pour y verser près de la moitié de son contenu. La bouche pleine de vin, il explora le premier goût, puis fit couler quelques gouttes dans son gosier. Au moment où passait le liquide, je vis remuer sa pomme d'Adam. Mais il avait gardé la plus grande partie du vin dans la bouche. Maintenant, sans avaler le reste, il aspira entre ses lèvres une fine bouffée d'air qui devait, dans sa bouche, se mêler au fumet du vin avant de descendre dans ses poumons.

He held the breath, blew it out through his nose, and finally began to roll the wine around under the tongue, and chewed it, actually chewed it with his teeth as though it were bread.

It was a solemn, impressive performance, and I must say he did it well.

"Um," he said, putting down the glass, running a pink tongue over his lips. "Um – yes. A very interesting little wine – gentle and gracious, almost feminine in the after-taste."

There was an excess of saliva in his mouth, and as he spoke he spat an occasional bright speck of it on to the table.

"Now we can start to eliminate," he said. "You will pardon me for doing this carefully, but there is much at stake. Normally I would perhaps take a bit of a chance, leaping forward quickly and landing right in the middle of the vineyard of my choice. But this time – I must move cautiously this time, must I not?" He looked up at Mike and he smiled, a thick-lipped, wet-lipped smile. Mike did not smile back.

"First, then, which district in Bordeaux does this wine come from? That's not too difficult to guess. It is far too light in the body to be from either St Émilion or Graves. It is obviously a Médoc. There's no doubt about *that*.

"Now – from which commune in Médoc does it come?

Il retint sa respiration, puis fit sortir un peu d'air par le nez. Enfin il se mit à rouler le vin autour de sa langue, puis il le mastiqua, le mastiqua littéralement, de toutes ses dents, comme si c'était du pain.

Le numéro était solennel et impressionnant et, je le reconnais, Pratt l'exécuta avec un brio incomparable.

« Hum », fit-il en posant son verre tandis qu'une langue rose parcourait ses lèvres. « Hum, oui. Un petit vin très intéressant. Tendre et gracieux, presque féminin dans son arrière-goût. »

Il avait trop de salive dans la bouche. En parlant il envoya accidentellement un crachat clair sur la nappe.

« Maintenant, dit-il, nous pouvons commencer à éliminer. Vous me pardonnerez certainement si je procède prudemment, mais l'enjeu est de taille. Normalement, je prendrais sans doute quelque risque, j'avancerais sans plus attendre le nom d'un vignoble. Mais ce soir, ce soir, je dois prendre des précautions, n'est-ce pas ? » Il présenta à Mike un gros sourire lippu, un gros sourire mouillé. Mike, lui, ne sourit pas.

« Premièrement, de quelle appellation de Bordeaux s'agit-il ? Cela n'est pas trop difficile à deviner. Ce vin manque par trop de corps pour être un saint-émilion ou un graves. C'est évidemment un médoc, cela ne fait aucun doute.

« Maintenant, à quelle commune du Médoc faut-il l'attribuer ?

That also, by elimination, should not be too difficult to decide. Margaux? No. It cannot be Margaux. It has not the violent bouquet of a Margaux.
Pauillac? It cannot be Pauillac, either. It is too ten-
der, too gentle and wistful for Pauillac. The wine
of Pauillac has a character that is almost imperious
in its taste. And also, to me, a Pauillac contains
just a little pith, a curious dusty, pithy flavour that
the grape acquires from the soil of the district. No,
no. This – this is a very gentle wine, demure and
bashful in the first taste, emerging shyly but quite
graciously in the second. A little arch, perhaps, in
the second taste, and a little naughty also, teas-
ing the tongue with a trace, just a trace of tannin.
Then, in the after-taste, delightful – consoling and
feminine, with a certain blithely generous quality that one associates only with the wines of the
commune of St Julien. Unmistakably this is a
St Julien."

He leaned back in his chair, held his hands
up level with his chest, and placed the fingertips
carefully together. He was becoming ridiculously
pompous, but I thought that some of it was deliberate, simply to mock his host. I found myself
waiting rather tensely for him to go on. The girl
Louise was lighting a cigarette. Pratt heard the
match strike and he turned on her, flaring suddenly with real anger. "Please!" he said.

Cela non plus ne doit pas être trop difficile, en procédant par élimination. Un margaux ? Non. Cela ne peut pas être un margaux. Il n'en a pas le bouquet fort. Un pauillac ? Ce n'est pas non plus un pauillac. Il est trop tendre, trop docile, trop pensif pour un pauillac. Le caractère du pauillac est bien plus impérieux. Le pauillac, à mon avis, est un peu moelleux ; le sol de ce district donne à sa vigne une petite saveur moelleuse, voire poussiéreuse. Non, non. C'est... c'est un vin très aimable, réservé et timide au premier goût, mais qui se révèle discrètement et avec une belle grâce dans le second. Un peu malicieux peut-être, toujours au second goût, un rien dissipé, il faut le dire, il caresse la langue avec un soupçon, juste un soupçon de tanin. Dans son dernier goût, il est délicieusement réconfortant et féminin, joignant à toutes ces qualités cette riante générosité que l'on ne trouve que chez un vin de Saint-Julien. Sans erreur, c'est un saint-julien. »

Il s'adossa, les mains levées au niveau de la poitrine, et il croisa les doigts dans un mouvement calculé. Il devenait ridiculement pompeux, mais je me disais qu'il adoptait délibérément cette attitude, tout simplement pour se moquer de son hôte. J'attendais la suite avec nervosité, je m'en rendis compte. Louise, la jeune fille, alluma une cigarette. Pratt, qui entendit craquer l'allumette, se tourna vers elle et se mit soudain en colère, une colère qui n'était pas feinte. « Je vous en prie, dit-il,

"Please don't do that! It's a disgusting habit, to smoke at table!"

She looked up at him, still holding the burning match in one hand, the big slow eyes settling on his face, resting there a moment, moving away again, slow and contemptuous. She bent her head and blew out the match, but continued to hold the unlighted cigarette in her fingers.

"I'm sorry, my dear," Pratt said, "but I simply cannot have smoking at table."

She didn't look at him again.

"Now, let me see – where were we?" he said. "Ah, yes. This wine is from Bordeaux, from the commune of St Julien, in the district of Médoc. So far, so good. But now we come to the more difficult part – the name of the vineyard itself. For in St Julien there are many vineyards, and as our host so rightly remarked earlier on, there is often not much difference between the wine of one and the wine of another. But we shall see."

He paused again, closing his eyes. "I am trying to establish the 'growth'," he said. "If I can do that, it will be half the battle. Now, let me see. This wine is obviously not from a first-growth vineyard – nor even a second. It is not a great wine. The quality, the – the – what do you call it? – the radiance, the power, is lacking. But a third growth – that it could be. And yet I doubt it.

je vous en prie, ne faites pas cela ! C'est une habitude dégoûtante que de fumer à table ! »

L'allumette enflammée à la main, elle leva sur le visage de Pratt ses grands yeux tranquilles, les garda posés sur lui un instant puis détourna le regard, lentement et avec dédain. Baissant la tête, elle souffla l'allumette, mais elle continua de tenir entre ses doigts la cigarette non allumée.

« Je regrette, ma chère, dit Pratt, mais je ne tolère pas qu'on fume à table. »

Elle cessa de le regarder.

« Bon, voyons un peu, où en étions-nous ? dit-il. Ah ! oui. C'est un vin de Bordeaux, un médoc, de la commune de Saint-Julien. Jusque-là, tout va bien. Mais maintenant nous arrivons au point le plus délicat : le nom même du vignoble. Car il y a beaucoup de vignobles à Saint-Julien et, comme notre hôte l'a remarqué si justement tout à l'heure, il y a souvent peu de différence entre le produit d'un vignoble et celui d'un autre. C'est ce que nous allons voir. »

Il se tut de nouveau et ferma les yeux. « J'essaie de trouver la "grandeur" du cru. Si j'y arrive, c'est à moitié gagné. Maintenant, voyons un peu. Ce vin n'est manifestement pas de première grandeur, ni même de deuxième grandeur. Ce n'est pas un très grand vin. La qualité, la... la... comment dirais-je, le brillant, la puissance n'y est pas. C'est probablement un cru de troisième grandeur. Mais il est permis d'en douter.

We know it is a good year – our host has said so – and this is probably flattering it a little bit. I must be careful. I must be very careful here."

He picked up his glass and took another small sip.

"Yes," he said, sucking his lips, "I was right. It is a fourth growth. Now I am sure of it. A fourth growth from a very good year – from a great year, in fact. And that's what made it taste for a moment like a third – or even a second-growth wine. Good! That's better! Now we are closing in! What are the fourth-growth vineyards in the commune of St Julien?"

Again he paused, took up his glass, and held the rim against that sagging, pendulous lower lip of his. Then I saw the tongue shoot out, pink and narrow, the tip of it dipping into the wine, withdrawing swiftly again – a repulsive sight. When he lowered the glass, his eyes remained closed, the face concentrated, only the lips moving, sliding over each other like two pieces of wet, spongy rubber.

"There it is again!" he cried. "Tannin in the middle taste, and the quick astringent squeeze upon the tongue. Yes, yes, of course! Now I have it!

Car il s'agit d'une bonne année, notre hôte nous l'a affirmé, et cela doit favoriser ce cru. Il faut que je sois prudent. Il faut que je sois très prudent à présent. »

Il releva son verre et but une autre petite gorgée.

« Oui, dit-il, se suçant les lèvres. J'avais raison. C'est un cru de quatrième grandeur, j'en suis sûr à présent. Un cru de quatrième grandeur, d'une très bonne année, d'une grande année, en effet. Et c'est cela même qui lui donne l'espace d'un instant un goût de troisième, voire de deuxième grandeur. Bien, on progresse ! On se rapproche ! Quels sont les vignobles de quatrième grandeur de la commune de Saint-Julien ? »

Il s'interrompit une nouvelle fois, prit son verre pour le porter à la masse avachie et pendante de sa lèvre inférieure. Puis je vis apparaître sa langue, rose et pointue, qui plongea dans le vin pour se retirer aussitôt. Spectacle plutôt répugnant. Lorsqu'il reposa le verre, il garda les yeux clos, le visage concentré. Les lèvres seules remuaient, se frottaient l'une contre l'autre comme deux morceaux de caoutchouc humides et spongieux.

« Le revoilà, s'écria-t-il soudain, le tanin dans le deuxième goût ! Et cette pression astringente sur la langue. Oui, oui, c'est certain ! À présent, j'y suis !

The wine comes from one of those small vineyards around Beychevelle. I remember now. The Beychevelle district, and the river and the little harbour that has silted up so the wine ships can no longer use it. Beychevelle... could it actually be a Beychevelle itself? No, I don't think so. Not quite. But it is somewhere very close. Château Talbot? Could it be Talbot? Yes, it could. Wait one moment."

He sipped the wine again, and out of the side of my eye I noticed Mike Schofield and how he was leaning farther and farther forward over the table, his mouth slightly open, his small eyes fixed upon Richard Pratt.

"No. I was wrong. It is not a Talbot. A Talbot comes forward to you just a little quicker than this one; the fruit is nearer the surface. If it is a '34, which I believe it is, then it couldn't be Talbot. Well, well. Let me think. It is not a Beychevelle and it is not a Talbot, and yet – yet it is so close to both of them, so close, that the vineyard must be almost in between. Now, which could that be?"

He hesitated, and we waited, watching his face. Everyone, even Mike's wife, was watching him now.

Ce vin provient d'un des petits vignobles des environs de Beychevelle[1]. Je m'en souviens maintenant. La région de Beychevelle, le fleuve et le petit port dont l'envasement fait que les bateaux chargés de vin n'y entrent plus. Beychevelle... ce vin est-il de Beychevelle même ? Non, je ne le crois pas. Pas tout à fait. Mais je ne suis pas loin. Un Château Talbot ? C'est possible. Voyons un peu... »

Il but une nouvelle gorgée. Du coin de l'œil, je vis Mike Schofield qui se penchait de plus en plus en avant, la bouche entrouverte, ses petits yeux clairs fixés sur Richard Pratt.

« Non. Je me suis trompé. Ce n'est pas un Talbot. Un Talbot est plus direct, plus rapide que celui-ci, avec un fruité qui transparaît plus rapidement. Si c'est un 34, et je crois que c'en est un, ce ne peut être un Talbot. Bon. Cherchons un peu. Ce n'est ni un Beychevelle ni un Talbot. Et pourtant... c'est si proche de l'un et l'autre, si proche, cela doit se trouver entre les deux. Voyons, qu'est-ce que ça peut être ? »

Il hésita et nous attendîmes en observant son visage. À présent, tout le monde avait les yeux fixés sur lui, y compris la femme de Mike.

---

1. Beychevelle : le village de Saint-Julien-Beychevelle est situé le long de l'estuaire de la Gironde. Son port, aujourd'hui inutilisé, subit un envasement progressif comme les autres ports du Médoc.

I heard the maid put down the dish of vegetables on the sideboard behind me, gently, so as not to disturb the silence.

"Ah!" he cried. "I have it! Yes, I think I have it!"

For the last time, he sipped the wine. Then, still holding the glass up near his mouth, he turned to Mike and he smiled, a slow, silky smile, and he said, "You know what this is? This is the little Château Branaire-Ducru."

Mike sat tight, not moving.

"And the year, 1934."

We all looked at Mike, waiting for him to turn the bottle around in its basket and show the label.

"Is that your final answer?" Mike said.

"Yes, I think so."

"Well, is it or isn't it?"

"Yes, it is."

"What was the name again?"

"Château Branaire-Ducru. Pretty little vineyard. Lovely old château. Know it quite well. Can't think why I didn't recognize it at once."

"Come on, Daddy," the girl said. "Turn it round and let's have a peek. I want my two houses."

J'entendis la bonne poser son plat de légumes sur le buffet qui se trouvait derrière moi, doucement, pour ne pas troubler le silence.

« Ah ! s'écria Pratt, ça y est ! Je crois que j'ai trouvé ! »

Il but une dernière gorgée. Puis, sans éloigner le verre de sa bouche, il se tourna vers Mike et déclara avec un long sourire mielleux[1] : « Vous savez ce que c'est ? C'est le petit Château Branaire-Ducru[2]. »

Mike demeura figé sur sa chaise.

« Et pour l'année, c'est 1934. »

Nous regardâmes tous Mike, en attendant qu'il retourne la bouteille dans la corbeille et montre l'étiquette.

« Est-ce là votre dernière réponse ? demanda Mike.

— Oui, je crois.

— Oui ou non ?

— Oui.

— Voulez-vous me répéter le nom ?

— Château Branaire-Ducru. Joli petit vignoble. Ravissant vieux château. Je connais très bien. Je me demande pourquoi je n'ai pas trouvé plus vite.

— Eh bien, papa, dit la jeune fille, retourne la bouteille et regardons[3]. Je veux mes deux maisons !

---

1. *Silky* : soyeux.
2. Le Château Branaire-Ducru, du nom de Jean-Baptiste Braneyre qui acquit le domaine en 1680, figure dans le groupe d'une soixantaine de prestigieux châteaux du classement des Grands Crus créé en 1855.
3. *Have a peek, take a peek* : jeter un coup d'œil.

"Just a minute," Mike said. "Wait just a minute." He was sitting very quiet, bewildered-looking, and his face was becoming puffy and pale, as though all the force was draining slowly out of him.

"Michael!" his wife called sharply from the other end of the table. "What's the matter?"

"Keep out of this, Margaret, will you please."

Richard Pratt was looking at Mike, smiling with his mouth, his eyes small and bright. Mike was not looking at anyone.

"Daddy!" the daughter cried, agonized. "But, Daddy, you don't mean to say he's guessed it right!"

"Now, stop worrying, my dear," Mike said. "There's nothing to worry about."

I think it was more to get away from his family than anything else that Mike then turned to Richard Pratt and said, "I'll tell you what, Richard. I think you and I better slip off into the next room and have a little chat."

"I don't want a little chat," Pratt said. "All I want is to see the label on that bottle." He knew he was a winner now; he had the bearing, the quiet arrogance of a winner, and I could see that he was prepared to become thoroughly nasty if there was any trouble. "What are you waiting for?" he said to Mike. "Go on and turn it round."

— Une minute, dit Mike, attendez une minute. »
Il demeura assis, très calme, l'œil égaré, le visage
exsangue et bouffi comme si toutes ses forces
l'abandonnaient lentement.

« Michael ! cria sa femme de l'autre bout de la
table, qu'avez-vous ?

— Ne vous occupez pas de cela, Margaret, voulez-
vous. »

Richard Pratt regardait Mike en souriant, la
bouche ouverte, ses petits yeux rétrécis et brillants.
Mike, lui, ne regardait personne.

« Papa, s'écria la jeune fille, épouvantée, papa,
tu ne veux pas dire qu'il a trouvé !

— Ne te tourmente pas, ma chérie, dit Mike. Il
n'y a pas lieu de se tourmenter. »

Je crois que c'était avant tout pour ne plus faire
face à sa famille que Mike se tourna vers Richard
Pratt et lui dit : « Ne croyez-vous pas, Richard,
que nous ferions mieux de nous retirer tous les
deux dans la pièce voisine pour avoir une petite
discussion ?

— Je ne veux pas de petite discussion, dit Pratt.
Tout ce que je demande, c'est voir l'étiquette de
la bouteille. » Il savait à présent qu'il avait gagné.
Il avait l'allure, la tranquille arrogance d'un vain-
queur et je constatai qu'il s'apprêtait à devenir
absolument odieux dans le cas où les choses ne
s'arrangeraient pas à son gré. « Qu'attendez-vous
pour retourner la bouteille ? » dit-il à Mike.

Then this happened: the maid, the tiny, erect figure of the maid in her white-and-black uniform, was standing beside Richard Pratt, holding something out in her hand. "I believe these are yours, sir," she said.

Pratt glanced around, saw the pair of thin horn-rimmed spectacles that she held out to him, and for a moment he hesitated. "Are they? Perhaps they are, I don't know."

"Yes, sir, they're yours." The maid was an elderly woman – nearer seventy than sixty – a faithful family retainer of many years' standing. She put the spectacles down on the table beside him.

Without thanking her, Pratt took them up and slipped them into his top pocket, behind the white handkerchief.

But the maid didn't go away. She remained standing beside and slightly behind Richard Pratt, and there was something so unusual in her manner and in the way she stood there, small, motionless and erect, that I for one found myself watching her with a sudden apprehension. Her old grey face had a frosty, determined look, the lips were compressed, the little chin was out, and the hands were clasped together tight before her. The curious cap on her head and the flash of white down the front of her uniform made her seem like some tiny, ruffled, white-breasted bird.

C'est alors qu'intervint la bonne. Droite et menue dans son uniforme noir et blanc, elle se tenait à côté de Richard Pratt, un objet à la main : « Je crois que c'est à vous, Monsieur », dit-elle.

Pratt jeta un regard furtif sur la paire de lunettes d'écaille qu'elle lui tendait. Il hésita : « À moi ? Peut-être. Je n'en sais rien.

— Si, Monsieur, elles sont bien à vous ! » La bonne était une femme âgée, plus proche des soixante-dix ans que de la soixantaine. C'était une bonne fidèle qui se trouvait au service de la famille depuis de longues années[1]. Elle posa les lunettes sur la table, devant Pratt, à côté de son couvert.

Sans la remercier, Pratt les glissa dans la poche de poitrine de sa jaquette, derrière le mouchoir blanc.

Mais la bonne ne bougea pas. Elle demeura debout à côté de Richard Pratt, un peu en retrait. Il y avait quelque chose de si inhabituel dans son comportement et dans la façon dont elle restait là, debout, frêle et droite, que je ressentis une soudaine appréhension. Son visage terne aux lèvres pincées, le menton réprobateur, affichait un regard froid et déterminé. Elle avait les mains jointes et crispées devant le buste. Avec son étrange coiffe et la couleur blanche sur le devant de son uniforme, elle ressemblait à un petit oiseau au ventre clair et aux plumes hérissées.

---

1. *Of many years' standing* : qui dure depuis longtemps.

"You left them in Mr Schofield's study," she said. Her voice was unnaturally, deliberately polite. "On top of the green filing cabinet in his study, sir, when you happened to go in there by yourself before dinner."

It took a few moments for the full meaning of her words to penetrate, and in the silence that followed I became aware of Mike and how he was slowly drawing himself up in his chair, and the colour coming to his face, and the eyes opening wide, and the curl of the mouth, and the dangerous little patch of whiteness beginning to spread around the area of the nostrils.

"Now, Michael!" his wife said. "Keep calm now, Michael, dear! Keep calm!"

« Vous les avez oubliées dans le cabinet de travail de Mr. Schofield », dit-elle. Sa voix était d'une politesse voulue et forcée. « En haut du classeur vert, dans le cabinet de travail, Monsieur, puisqu'il se trouve que vous y êtes entré seul, avant le dîner. »

Il fallut quelques instants pour que ces mots fissent totalement sens. Et, dans le silence qui suivit, je vis Mike se lever lentement de sa chaise, je vis son visage se colorer, ses yeux s'exorbiter, sa bouche s'arrondir. Et cette petite blancheur menaçante apparut autour de ses narines.

« Allons, Michael ! dit son épouse, du calme, voyons ! Du calme, mon cher, du calme ! »

My Lady Love, my Dove

Ma blanche colombe[1]

---

1. *Lady love*: bien-aimée ; *dove*: colombe.

It has been my habit for many years to take a nap after lunch. I settle myself in a chair in the living-room with a cushion behind my head and my feet up on a small square leather stool, and I read until I drop off.

On this Friday afternoon, I was in my chair and feeling as comfortable as ever with a book in my hands – an old favourite, Doubleday and Westwood's *The Genera of Diurnal Lepidoptera* – when my wife, who has never been a silent lady, began to talk to me from the sofa opposite. "These two people," she said, "what time are they coming?"

I made no answer, so she repeated the question, louder this time.

I told her politely that I didn't know.

Depuis des années j'ai pris l'habitude de faire une sieste après le déjeuner. Je m'installe dans un fauteuil de la salle de séjour, un coussin sous la tête, les pieds sur un petit tabouret de cuir et je lis en attendant de m'endormir.

Ce vendredi après-midi là, j'étais dans mon fauteuil, confortablement installé comme à mon habitude. J'avais en main l'un de mes livres préférés, *La Vie des lépidoptères diurnes*, de Doubleday et Westwood[1], lorsque mon épouse, qui n'a jamais été une personne taciturne, se mit à me parler depuis le divan situé de l'autre côté de la pièce. « Ces gens, fit-elle, à quelle heure arrivent-ils ? »

Comme je ne répondais pas, elle répéta sa question, plus fort cette fois.

Je lui dis poliment que je n'en savais rien.

1. Edward Doubleday (1810-1849) et John Obadiah Westwood (1805-1893) sont deux entomologistes britanniques. L'ouvrage, en plusieurs volumes, dont il est question ici parut entre 1846 et 1852.

"I don't think I like them very much," she said. "Especially him."

"No dear, all right."

"Arthur. I said I don't think I like them very much."

I lowered my book and looked across at her lying with her feet up on the sofa, flipping over the pages of some fashion magazine. "We've only met them once," I said.

"A dreadful man, really. Never stopped telling jokes, or stories, or something."

"I'm sure you'll manage them very well, dear."

"And she's pretty frightful, too. When do you think they'll arrive?"

"Somewhere around six o'clock," I guessed.

"But don't *you* think they're awful?" she asked, pointing at me with her finger.

"Well..."

"They're *too* awful, they really are."

"We can hardly put them off now, Pamela."

"They're absolutely the end," she said.

"Then why did you ask them?" The question slipped out before I could stop myself and I regretted it at once, for it is a rule with me never to provoke my wife if I can help it. There was a pause,

« Je ne les trouve pas très sympathiques, dit-elle. Lui surtout.

— Bien, ma chérie.

— Arthur, m'entends-tu ? Je viens de te dire que je ne les trouvais pas très sympathiques ! »

Je baissai mon livre et la regardai. Elle était étendue sur le divan et feuilletait je ne sais quel magazine de mode. « Nous ne les avons vus qu'une fois, dis-je.

— Un homme épouvantable, vraiment. Toujours en train de raconter des blagues, des histoires ou je ne sais quoi.

— Je suis sûr que tu t'accommoderas très bien d'eux, ma chérie.

— Elle aussi est effrayante comme tout. À quelle heure penses-tu qu'ils vont arriver ?

— Vers six heures peut-être, avançai-je.

— Et toi, tu ne les trouves pas horribles ? m'interrogea-t-elle en braquant le doigt vers moi.

— C'est que...

— Ils sont vraiment horribles, vraiment.

— Nous ne pouvons plus les décommander maintenant, Pamela.

— Ils sont une véritable plaie, insista-t-elle.

— Alors, pourquoi les as-tu invités ? » La question venait de m'échapper et je le regrettai aussitôt. Car je m'étais imposé depuis longtemps de ne jamais contredire ma femme lorsque c'était possible. Il y eut un silence.

and I watched her face, waiting for the answer – the big white face that to me was something so strange and fascinating there were occasions when I could hardly bring myself to look away from it. In the evenings sometimes – working on her embroidery, or painting those small intricate flower pictures – the face would tighten and glimmer with a subtle inward strength that was beautiful beyond words, and I would sit and stare at it minute after minute while pretending to read. Even now, at this moment, with that compressed acid look, the frowning forehead, the petulant curl of the nose, I had to admit that there was a majestic quality about this woman, something splendid, almost stately; and so tall she was, far taller than I – although today, in her fifty-first year, I think one would have to call her big rather than tall.

"You know very well why I asked them," she answered sharply. "For bridge, that's all. They play an absolutely first-class game, and for a decent stake." She glanced up and saw me watching her. "Well," she said, "that's about the way you feel too, isn't it?"

"Well, of course, I…"

"Don't be a fool, Arthur."

"The only time I met them I must say they did seem quite nice."

J'observai son visage dans l'attente d'une réponse, ce large visage blanc qui exerçait sur moi un pouvoir étrange et fascinant au point qu'il m'arrivait parfois de ne pouvoir en détacher mon regard. Quelquefois, le soir, penché sur une broderie ou sur ces fleurs extrêmement compliquées qu'elle peignait, ce visage se tendait et s'illuminait, plein de force secrète et de subtilité et d'une beauté indicible. Tout en feignant de lire, je ne pouvais m'empêcher de le regarder longuement. Même encore, en ce moment précis, force était pour moi de constater que ce regard vif et acide, ce front plissé, la courbe agressive du nez donnaient à cette femme une majesté, une sorte de splendeur presque imposante. Et puis, elle était si grande, bien plus grande que moi. On pouvait, je l'admets, la trouver plutôt massive que grande, maintenant qu'elle venait d'entrer dans sa cinquante et unième année.

« Tu sais très bien pourquoi je les ai invités, rétorqua-t-elle. Pour bridger, voilà tout. Ils jouent un jeu de premier ordre, et pour des mises raisonnables. » Elle leva les yeux sur mon visage attentif et constata que je la regardais. « C'est bien ainsi que tu vois les choses, non ?

— C'est que... à mon avis...

— Ne fais pas l'idiot, Arthur.

— Je ne les ai vus qu'une fois et je dois dire que je les ai trouvés plutôt charmants.

"So is the butcher."

"Now Pamela, dear – please. We don't want any of that."

"Listen," she said, slapping down the magazine on her lap, "you saw the sort of people they were as well as I did. A pair of stupid climbers who think they can go anywhere just because they play good bridge."

"I'm sure you're right dear, but what I don't honestly understand is why –"

"I keep telling you – so that for once we can get a decent game. I'm sick and tired of playing with rabbits. But I really can't see why I should have these awful people in the house."

"Of course not, my dear, but isn't it a little late now –"

"Arthur?"

"Yes?"

"Why for God's sake do you always argue with me. You *know* you disliked them as much as I did."

"I really don't think you need worry, Pamela. After all, they seemed quite a nice well-mannered young couple."

"Arthur, don't be pompous." She was looking at me hard with those wide grey eyes of hers,

— Charmants à tuer[1] !

— Allons, Pamela, ma chérie, je t'en prie, pas de ça.

— Écoute, dit-elle en posant brusquement son magazine sur ses genoux. Tu as vu aussi bien que moi qui ils sont. Deux idiots d'arrivistes qui croient que toutes les portes leur sont ouvertes parce qu'ils jouent bien au bridge.

— Tu as sûrement raison, ma chérie, mais, franchement, ce que je ne comprends pas, c'est...

— Je ne cesse de te le dire, pour une fois que l'on peut faire une partie convenable. J'en ai plus qu'assez de jouer avec des nullités. En revanche, je ne vois pas du tout pourquoi je dois recevoir ces gens horribles sous mon toit.

— Bien sûr, ma chérie, mais il est un peu trop tard maintenant.

— Arthur !

— Oui ?

— Pourquoi donc t'obstines-tu à me contredire[2] ? Tu *sais* très bien qu'ils sont impossibles. Tu le sais aussi bien que moi.

— Je crois réellement que tu as tort de t'inquiéter, Pamela. Malgré tout, ils m'ont plutôt fait l'effet d'un jeune couple fort bien élevé.

— Arthur, n'exagère pas ! » Ses grands yeux gris avaient le regard dur.

---

1. *Butcher*: un boucher.
2. *For God's sake*: pour l'amour de Dieu.

and to avoid them – they sometimes made me quite uncomfortable – I got up and walked over to the french windows that led into the garden.

The big sloping lawn out in front of the house was newly mown, striped with pale and dark ribbons of green. On the far side, the two laburnums were in full flower at last, the long golden chains making a blaze of colour against the darker trees beyond. The roses were out too, and the scarlet begonias, and in the long herbaceous border all my lovely hybrid lupins, columbine, delphinium, sweet-william, and the huge, pale, scented iris. One of the gardeners was coming up the drive from his lunch. I could see the roof of his cottage through the trees, and beyond it to one side, the place where the drive went out through the iron gates on the Canterbury road.

My wife's house. Her garden. How beautiful it all was! How peaceful! Now, if only Pamela would try to be a little less solicitous of my welfare, less prone to coax me into doing things for my own good rather than for my own pleasure, then everything would be heaven. Mind you, I don't want to give the impression that I do not love her – I worship the very air she breathes –

Pour éviter ce regard que je connaissais bien et qui me mettait parfois mal à l'aise, je me levai pour aller à une des portes-fenêtres qui donnaient sur le jardin.

Le gazon en pente devant la maison venait d'être tondu. Il était zébré de vert pâle et de vert intense. De l'autre côté, les deux cytises étaient enfin en fleur et leurs longues grappes dorées se détachaient comme des torches sur le fond de verdure sombre des arbres. Les roses étaient épanouies, ainsi que les bégonias écarlates. En bordure, mes herbacées adorées, tous mes lupins hybrides, l'ancolie, le delphinium, les œillets de poète et les grands iris odorants fleurissaient aussi. Un de nos jardiniers remontait l'allée après son déjeuner. À travers les arbres, je pus voir le toit de sa maison et, plus loin, d'un côté, l'endroit où l'allée franchissait la grille de fer pour rejoindre la route de Canterbury[1].

La maison de ma femme. Son jardin. Comme tout cela était beau ! Et paisible ! Bon, si seulement Pamela pouvait s'occuper un peu moins de ma santé, être moins portée à m'exhorter à faire ceci ou cela pour mon bien plutôt que pour mon plaisir, ce serait le paradis. Notez bien, je ne veux pas donner l'impression que je n'éprouve pas de l'amour pour elle. Je bénis l'air qu'elle respire.

---

1. Canterbury, parfois nommée Cantorbéry en français, est une ville du sud-est de l'Angleterre, située à une centaine de kilomètres de Londres, et connue pour sa cathédrale.

or that I can't manage her, or that I am not the
captain of my ship. All I am trying to say is that
she can be a trifle irritating at times, the way she
carries on. For example, those little mannerisms
of hers – I do wish she would drop them all, especially the way she has of pointing a finger at me to
emphasise a phrase. You must remember that I
am a man who is built rather small, and a gesture
like this, when used to excess by a person like my
wife, is apt to intimidate. I sometimes find it difficult to convince myself that she is not an overbear-
ing woman.

"Arthur!" she called. "Come here."

"What?"

"I've just had a most marvellous idea. Come
here."

I turned and went over to where she was lying
on the sofa.

"Look," she said, "do you want to have some
fun?"

"What sort of fun?"

"With the Snapes?"

"Who are the Snapes?"

"Come on," she said. "Wake up. Henry and
Sally Snape. Our week-end guests."

"Well?"

"Now listen. I was lying here thinking how
awful they really are... the way they behave...

Ne croyez pas non plus que je ne m'en sorte pas avec elle ou que je sois incapable de mener ma barque ! J'aimerais simplement vous faire comprendre qu'il lui arrive parfois d'avoir un comportement quelque peu irritant. Par exemple, toutes ses petites manies, je souhaiterais vivement qu'elle les perde un jour. Surtout cette habitude de pointer sur moi un doigt pour souligner ses propos. N'oubliez pas que je suis un homme de petite taille et que de tels gestes, dont quelqu'un comme ma femme use avec excès, ont tendance à m'intimider. J'ai parfois du mal à ne pas me persuader que je n'ai pas épousé une femme autoritaire.

« Arthur ! appela-t-elle. Viens ici !

— Pourquoi ?

— Je viens juste d'avoir une idée merveilleuse. Viens vite ! »

Je me tournai et me dirigeai vers le sofa où elle était allongée.

« Écoute, dit-elle, veux-tu que nous nous amusions un peu ?

— Nous amuser ?

— Oui. À propos des Snape !

— Les Snape ? Qui sont-ils ?

— Allons, réveille-toi ! Henry et Sally Snape. Nos invités du week-end.

— Eh bien ?

— Écoute-moi. J'étais couchée sur mon divan, en train de me répéter combien ils étaient épouvantables... leur façon de se comporter,

him with his jokes and her like a sort of love-crazed sparrow…" She hesitated, smiling slyly, and for some reason, I got the impression she was about to say a shocking thing. "Well – if that's the way they behave when they're in front of us, then what on earth must they be like when they're alone together?"

"Now wait a minute, Pamela –"

"Don't be an ass, Arthur. Let's have some fun – some real fun for once – tonight." She had half raised herself up off the sofa, her face bright with a kind of sudden recklessness, the mouth slightly open, and she was looking at me with two round grey eyes, a spark dancing slowly in each.

"Why shouldn't we?"

"What do you want to do?"

"Why, it's obvious. Can't you see?"

"No, I can't."

"All we've got to do is put a microphone in their room." I admit I was expecting something pretty bad, but when she said this I was so shocked I didn't know what to answer.

"That's exactly what we'll do," she said.

"Here!" I cried. "No. Wait a minute. You can't do that."

"Why not?"

lui avec ses plaisanteries, elle avec ses airs de dinde[1] enamourée... » Elle hésita et son sourire narquois me laissa croire qu'elle avait envie de dire une grossièreté. « Bref... s'ils se conduisent comme ça devant nous, je me demande ce que ça peut bien donner quand ils sont seuls entre eux !

— Attends, Pamela...

— Ne fais pas l'imbécile, Arthur. Amusons-nous un peu ce soir, et comme il faut, pour une fois. » Elle s'était un peu redressée sur son divan, le visage rayonnant, empreint soudain d'une certaine insouciance, la bouche entrouverte, et elle me regardait de ses grands yeux gris dans chacun desquels dansait une étoile.

« Pourquoi ne pourrait-on pas se le permettre ?

— Que veux-tu faire ?

— C'est limpide, enfin. Tu ne vois pas ?

— Non, je ne vois vraiment pas.

— Nous n'avons qu'à mettre un micro dans leur chambre, c'est tout. » Je m'étais attendu à quelque chose d'assez saugrenu, je dois le dire, mais quand elle fit cette proposition, je fus choqué au point de ne pouvoir rien lui répondre.

« C'est exactement ce que nous allons faire, dit-elle.

— Ah, non ! m'écriai-je. Non, Pamela. Réfléchis un peu. Tu ne peux pas faire une chose pareille.

— Pourquoi pas ?

1. *Sparrow*: moineau.

"That's about the nastiest trick I ever heard of. It's like – why, it's like listening at keyholes, or reading letters, only far far worse. You don't mean this seriously, do you?"

"Of course I do."

I knew how much she disliked being contradicted, but there were times when I felt it necessary to assert myself, even at considerable risk. "Pamela," I said, snapping the words out sharply, "I forbid you to do it!"

She took her feet down from the sofa and sat up straight. "What in God's name are you trying to pretend to be, Arthur? I simply don't understand you."

"That shouldn't be too difficult."

"Tommyrot! I've known you do lots of worse things than this before now."

"Never!"

"Oh yes I have. What makes you suddenly think you're a so much nicer person than I am?"

"I've never done things like that."

"All right, my boy," she said, pointing her finger at me like a pistol. "What about that time at the Milfords' last Christmas? Remember? You nearly laughed your head off and I had to put my hand over your mouth to stop them hearing us. What about that for one?"

— C'est le plus sale tour qu'on puisse imaginer. C'est comme, tiens, regarder par le trou de la serrure ou lire des lettres destinées à quelqu'un d'autre. Seulement, c'est beaucoup plus grave. Tu n'y penses pas sérieusement, quand même ?

— Mais bien sûr que si. »

Je savais combien elle détestait la contradiction, mais il était des moments où il me paraissait inévitable d'affirmer mon point de vue, malgré les risques que cela comportait. « Pamela, dis-je, appuyant sur chaque mot, je t'interdis de faire cela ! »

Elle posa les pieds à terre et se redressa. « Mais bon sang, pour qui te prends-tu, Arthur ? J'avoue que je ne te comprends pas.

— C'est pourtant facile à comprendre.

— Allons donc[1] ! Je sais que tu as déjà fait des choses bien pires !

— Jamais !

— Mais si, je le sais ! Je me demande ce qui te fait penser tout à coup que tu vaux tellement mieux que moi.

— Je n'ai jamais rien fait de pareil.

— Ça va, mon garçon, dit-elle en braquant sur moi son index comme un pistolet. Et le dernier Noël chez les Milford ? T'en souviens-tu ? Tu riais tellement que j'ai dû te poser ma main sur la bouche pour qu'on ne t'entende pas. Aurais-tu oublié ça ?

1. *Tommyrot*: bêtises, âneries.

"That was different," I said. "It wasn't our house. And they weren't our guests."

"It doesn't make any difference at all." She was sitting very upright, staring at me with those round grey eyes, and the chin was beginning to come up high in a peculiarly contemptuous manner. "Don't be such a pompous hypocrite," she said. "What on earth's come over you?"

"I really think it's a pretty nasty thing, you know, Pamela. I honestly do."

"But listen, Arthur. I'm a *nasty* person. And so are you – in a secret sort of way. That's why we get along together."

"I never heard such nonsense."

"Mind you, if you've suddenly decided to change your character completely, that's another story."

"You've got to stop talking this way, Pamela."

"You see," she said, "if you really *have* decided to reform, then what on earth am I going to do?"

"You don't know what you're saying."

"Arthur, how could a nice person like you want to associate with a stinker?"

I sat myself down slowly in the chair opposite her, and she was watching me all the time. You understand, she was a big woman, with a big white face, and when she looked at me hard, as she was doing now, I became – how shall I say it – sur- rounded, almost enveloped by her,

— C'était différent, dis-je. Nous n'étions pas chez nous. Et il ne s'agissait pas de nos invités.

— Cela ne change rien. » Elle se tenait assise, le torse raide. Ses yeux ronds et gris me fixaient et son menton se relevait, lui donnant un air particulièrement arrogant. « Ne fais pas ton hypocrite, dit-elle. Qu'est-ce qui t'arrive, que diable ?

— Je pense qu'il serait ignoble de faire une chose pareille. Je le pense sincèrement.

— Écoute-moi, Arthur. Je suis une personne ignoble, d'accord. Et toi aussi, tu es ignoble à ta façon. C'est pourquoi nous devons être complices.

— Je n'ai jamais entendu de choses aussi insensées.

— Ah bon ! Si tu as décidé tout à coup de changer complètement de caractère, c'est une autre histoire.

— Cesse de me parler de cette façon, Pamela.

— Allons bon, qu'est-ce que je vais devenir si tu as réellement décidé de t'assagir ?

— Tu ne sais pas ce que tu dis.

— Arthur, explique-moi comment un homme intègre comme toi peut vivre auprès d'une canaille comme moi ? »

Je m'assis tranquillement sur la chaise en face d'elle tandis qu'elle ne cessait de me regarder. C'était une femme imposante, comprenez-moi, une dame imposante avec ce grand visage blanc. Et quand elle me regardait avec cette insistance, il m'arrivait, comment dirais-je, il m'arrivait de me laisser submerger, noyer par elle,

as though she were a great tub of cream and I had fallen in.

"You don't honestly want to do this microphone thing, do you?"

"But of course I do. It's time we had a bit of fun around here. Come on, Arthur. Don't be so stuffy."

"It's not right, Pamela."

"It's just as right" – up came the finger again – "just as right as when you found those letters of Mary Probert's in her purse and you read them through from beginning to end."

"We should never have done that."

"*We!*"

"You read them afterwards, Pamela."

"It didn't harm anyone at all. You said so yourself at the time. And this one's no worse."

"How would *you* like it if someone did it to *you*?"

"How could I *mind* if I didn't know it was being done? Come on, Arthur. Don't be so flabby."

"I'll have to think about it."

"Maybe the great radio engineer doesn't know how to connect the mike to the speaker?"

"That's the easiest part."

"Well, go on then. Go on and do it."

"I'll think about it and let you know later."

comme si elle était une cuve pleine de crème et comme si j'étais tombé dedans.

« Tu ne penses tout de même pas sincèrement à cette histoire de micro ?

— Mais si, j'y pense sincèrement. Il y a déjà longtemps qu'on ne s'est amusés par ici. Allons, Arthur, ne sois pas figé comme ça !

— Ce n'est pas correct, Pamela.

— Pas correct ? » L'index se leva de nouveau. « C'est tout aussi correct que le coup des lettres de Mary Probert que tu as trouvées dans son sac et que tu as lues d'un bout à l'autre.

— Nous n'aurions jamais dû faire cela.

— *Nous !*

— Tu les as lues aussi, Pamela.

— Cela n'a fait de tort à personne. C'est du moins ce que tu disais à l'époque. Et cette fois, ce ne sera rien de plus.

— Que dirais-tu si quelqu'un te jouait un tour pareil, à toi ?

— Comment pourrais-je dire quoi que ce soit puisque cela se passerait à mon insu ? Allons, Arthur, ne sois pas si mollasson !

— Il faut que je réfléchisse.

— Le grand ingénieur que tu es ne saurait-il pas brancher un micro à un récepteur ?

— C'est ce qu'il y a de plus simple.

— Alors, vas-y. Vas-y, fais-le !

— Il faut que j'y réfléchisse, je te tiendrai au courant.

"There's no time for that. They might arrive any moment."

"Then I won't do it. I'm not going to be caught red-handed."

"If they come before you're through, I'll simply keep them down here. No danger. What's the time, anyway?"

It was nearly three o'clock.

"They're driving down from London," she said, "and they certainly won't leave till after lunch. That gives you plenty of time."

"Which room are you putting them in?"

"The big yellow room at the end of the corridor. That's not too far away, is it?"

"I suppose it could be done."

"And by the by," she said, "where are you going to have the speaker?"

"I haven't said I'm going to do it yet."

"My God!" she cried, "I'd like to see someone try and stop you now. You ought to see your face. It's all pink and excited at the very prospect. Put the speaker in our bedroom, why not? But go on – and hurry."

— Nous n'aurons pas le temps. Ils seront là d'une minute à l'autre.

— Alors tant pis, je n'en ferai rien. Je ne tiens pas à être pris en flagrant délit[1].

— S'ils arrivent trop tôt, je les retiendrai en bas. Tu ne risques rien. Au fait, quelle heure est-il ? »

Il était presque trois heures.

« Ils viennent de Londres en voiture, dit-elle, et ils ne seront certainement partis qu'après le déjeuner. Ça te laisse tout le temps nécessaire.

— Dans quelle chambre as-tu prévu de les mettre ?

— Dans la grande chambre jaune au bout du couloir. Ce n'est pas trop loin, n'est-ce pas ?

— Je crois que ça peut se faire.

— Et pour le récepteur[2] ? Où vas-tu le mettre ?

— Je n'ai pas dit que j'allais faire ça tout de suite.

— Bon Dieu ! s'écria-t-elle. J'aimerais bien savoir ce qui pourrait t'arrêter maintenant ! Si seulement tu pouvais te voir ! Tu es tout rose et tout excité à la seule idée de ce que tu vas faire. Mets le récepteur dans notre chambre à coucher, c'est possible, non ? Et maintenant, vas-y. Dépêche-toi ! »

---

1. *To be caught red-handed*: être pris en flagrant délit, la main dans le sac. Cette expression d'origine ancienne fait sans doute référence aux braconniers ou aux meurtriers que l'on attrapait avec encore du sang sur les mains.
2. *By the by*: *by the way* (au fait).

I hesitated. It was something I made a point of doing whenever she tried to order me about, instead of asking nicely. "I don't like it, Pamela."

She didn't say any more after that; she just sat there, absolutely still, watching me, a resigned, waiting expression on her face, as though she were in a long queue. This, I knew from experience, was a danger signal. She was like one of those bomb things with the pin pulled out, and it was only a matter of time before – bang! and she would explode. In the silence that followed, I could almost hear her ticking.

So I got up quietly and went out to the workshop and collected a mike and a hundred and fifty feet of wire. Now that I was away from her, I am ashamed to admit that I began to feel a bit of excitement myself, a tiny warm prickling sensation under the skin, near the tips of my fingers. It was nothing much, mind you – really nothing at all. Good heavens, I experience the same thing every morning of my life when I open the paper to check the closing prices on two or three of my wife's larger stockholdings. So I wasn't going to get carried away by a silly joke like this. At the same time, I couldn't help being amused.

J'hésitai, j'y mettais un point d'honneur, comme toujours quand elle me donnait des ordres au lieu de me demander gentiment ce qu'elle souhaitait. « Cela m'ennuie, Pamela. »

Alors, elle ne dit plus rien. Elle demeura assise, parfaitement immobile, le regard fixé sur moi avec l'expression résignée et impatiente de quelqu'un qui se retrouve dans une longue file d'attente. Cela, je le savais par expérience, c'était comme un signal d'alarme. Elle était comme une de ces bombes à retardement que l'on a amorcée. Simple question de temps... et, bang !... elle allait exploser. C'est tout juste si je n'entendais pas son tic-tac dans le silence.

Ainsi donc, je me levai tranquillement pour me rendre à l'atelier. Là, je me munis d'un micro et de cent cinquante pieds[1] de fil. Maintenant que je me trouvais loin de mon épouse, j'ai honte de l'admettre, mais j'éprouvais un brin d'excitation et je ressentis un léger picotement agréable, une sensation de chaleur sous la peau, vers le bout des doigts. Rien d'extraordinaire, voyez-vous, rien de bien extraordinaire. Mon Dieu, je connais ce sentiment tous les matins lorsque j'ouvre le journal pour consulter les cours de clôture de deux ou trois des principales actions de ma femme. Il n'y avait donc pas lieu de me laisser impressionner par une plaisanterie stupide comme celle-ci. Pour autant, je ne pouvais m'empêcher de m'en amuser.

---

1. *Foot*: un pied = 30,5 cm.

I took the stairs two at a time and entered the yellow room at the end of the passage. It had the clean, unlived-in appearance of all guest rooms, with its twin beds, yellow satin bedspreads, pale-yellow walls, and golden-coloured curtains. I began to look around for a good place to hide the mike. This was the most important part of all, for whatever happened, it must not be discovered. I thought first of the basket of logs by the fireplace. Put it under the logs. No – not safe enough. Behind the radiator? On top of the wardrobe? Under the desk? None of these seemed very professional to me. All might be subject to chance inspection because of a dropped collar stud or something like that. Finally, with considerable cunning, I decided to put it inside of the springing of the sofa. The sofa was against the wall, near the edge of the carpet, and my lead wire could go straight under the carpet over to the door.

I tipped up the sofa and slit the material underneath. Then I tied the microphone securely up among the springs, making sure that it faced the room. After that, I led the wire under the carpet to the door. I was calm and cautious in everything I did. Where the wire had to emerge from under the carpet and pass out of the door,

Je grimpai l'escalier quatre à quatre pour entrer dans la chambre jaune, au fond du couloir. Comme toutes les chambres d'amis, elle était propre et sans vie, avec ses lits jumeaux couverts de satin jaune, ses murs jaune pâle, ses rideaux bouton-d'or. Je commençai par regarder autour de moi à la recherche d'une bonne cachette pour le micro. C'était plus important que tout car, quoi qu'il arrivât, il ne fallait pas qu'on le découvre. Je songeai d'abord au panier de bûches qui se trouvait devant la cheminée. Placer le micro sous les morceaux de bois. Non. Ce n'était pas assez sûr. Derrière le radiateur ? Sur l'armoire ? Sous le bureau ? Rien de tout cela ne faisait preuve de suffisamment de professionnalisme. Un bouton de col tombé par terre ou quelque chose du même genre pouvait donner lieu à une recherche inattendue. J'eus finalement l'idée très astucieuse de le dissimuler dans les ressorts du divan. Celui-ci se trouvait contre le mur ; c'est là que s'arrêtait le tapis et mon fil de raccordement pourrait passer dessous et aller tout droit jusqu'à la porte.

Je soulevai le divan pour y glisser mon matériel. Puis j'attachai soigneusement le micro sur les ressorts en prenant soin qu'il fît face à la chambre. Après quoi je posai le fil sous le tapis et le déroulai jusqu'à la porte. J'étais calme et précautionneux pendant toute l'opération. Là où le fil sortait du tapis et devait franchir la porte,

I made a little groove in the wood so that it was almost invisible.

All this, of course, took time, and when I suddenly heard the crunch of wheels on the gravel of the drive outside, and then the slamming of car doors and the voices of our guests, I was still only half-way down the corridor, tacking the wire along the skirting. I stopped and straightened up, hammer in hand, and I must confess that I felt afraid. You have no idea how unnerving that noise was to me. I experienced the same sudden stomachy feeling of fright as when a bomb once dropped the other side of the village during the war, one afternoon, while I was working quietly in the library with my butterflies.

Don't worry, I told myself. Pamela will take care of these people. She won't let them come up here.

Rather frantically, I set about finishing the job, and soon I had the wire tacked all along the corridor and through into our bedroom. Here, concealment was not so important, although I still did not permit myself to get careless because of the servants. So I laid the wire under the carpet and brought it up unobtrusively into the back of the radio. Making the final connexions was an elementary technical matter and took me no time at all.

je fis une petite entaille dans le bois pour le faire passer à peu près inaperçu.

Tout cela, évidemment, me prit un certain temps. Lorsque j'entendis tout à coup au-dehors le crissement des roues sur le gravier de l'allée, suivi du claquement des portières et des voix de nos invités, j'étais encore à mi-chemin dans le couloir, plaquant le fil sous la plinthe. Je m'arrêtai, me redressai, le marteau à la main et, je dois l'avouer, saisi d'angoisse. Vous ne pouvez pas savoir à quel point ces bruits me parurent inquiétants. J'avais connu cette même peur soudaine qui vous noue l'estomac lorsque, pendant la guerre, une bombe était tombée de l'autre côté du village, un après-midi où je me trouvais seul à la bibliothèque, tranquille, occupé à mes papillons.

« Pas d'inquiétude ! me dis-je. Pamela saura bien s'occuper de ces gens. Elle ne les laissera pas monter. »

Et je me remis au travail avec frénésie. Et rapidement, tout le fil se trouva coincé sous la plinthe dans le couloir et il arrivait dans notre chambre à coucher. Là, le problème de la cachette n'avait plus la même importance. Je ne m'autorisai cependant aucun relâchement concernant les précautions à prendre à cause des domestiques. Je passai donc le fil sous le tapis et le fis arriver discrètement à l'arrière du poste de radio. Les derniers branchements relevaient d'une technique élémentaire et je réglai cela en un rien de temps.

Well – I had done it. I stepped back and glanced at the little radio. Somehow, now, it looked different – no longer a silly box for making noises but an evil little creature that crouched on the table top with a part of its own body reaching out secretly into a forbidden place far away. I switched it on. It hummed faintly but made no other sound. I took my bedside clock, which had a loud tick, and carried it along to the yellow room and placed it on the floor by the sofa. When I returned, sure enough the radio creature was ticking away as loudly as if the clock were in the room – even louder.

I fetched back the clock. Then I tidied myself up in the bathroom, returned my tools to the workshop, and prepared to meet the guests. But first, to compose myself, and so that I would not have to appear in front of them with the blood, as it were, still wet on my hands, I spent five minutes in the library with my collection. I concentrated on a tray of the lovely *Vanessa cardui* – the "painted lady" –

Voilà. C'était chose faite. Je fis quelques pas en arrière pour jeter un coup d'œil au petit poste. Il me parut changé en quelque sorte. Ce n'était plus cette boîte sonore saugrenue, mais une petite créature diabolique posée sur la table dont une excroissance de son propre corps se prolongeait jusque dans un lieu éloigné et interdit. Je mis le poste en marche. Il émit un léger bourdonnement et rien de plus. Je pris mon réveille-matin dont le tic-tac était bruyant et l'emportai dans la chambre jaune. Je le posai par terre, tout près du divan. Puis je retournai dans notre chambre et la créature me renvoyait bel et bien distinctement le tic-tac du réveil, comme si ce dernier se trouvait dans la même pièce que moi. Son tic-tac était même plus fort.

Je récupérai le réveil. Puis je me rendis à la salle de bains afin d'être présentable[1], rangeai mes outils dans l'atelier et me préparai pour recevoir mes invités. Mais, tout d'abord, pour me calmer et pour ne pas me présenter devant eux avec le sentiment d'avoir encore les mains tachées de sang, je passai cinq minutes à la bibliothèque avec mes collections. Je portai mon attention sur la vitrine contenant l'admirable *Vanessa cardui*[2], la « Dame peinte »,

---

1. *To tidy oneself up*: s'arranger, remettre de l'ordre dans sa toilette, sa coiffure.
2. *Vanessa cardui*: vanesse des chardons, nommée aussi belledame. Il s'agit d'un papillon migrateur qui vit dans de nombreuses régions du monde.

and made a few notes for a paper I was preparing entitled "The Relation between Colour Pattern and Framework of Wings", which I intended to read at the next meeting of our society in Canterbury. In this way I soon regained my normal grave, attentive manner.

When I entered the living-room, our two guests, whose names I could never remember, were seated on the sofa. My wife was mixing drinks.

"Oh, *there* you are, Arthur," she said. "Where *have* you been?"

I thought this was an unnecessary remark. "I'm so sorry," I said to the guests as we shook hands. "I was busy and forgot the time."

"We all know what *you've* been doing," the girl said, smiling wisely. "But we'll forgive him, won't we, dearest?"

"I think we should," the husband answered.

I had a frightful, fantastic vision of my wife telling them, amidst roars of laughter, precisely what I had been doing upstairs. She *couldn't* – she *couldn't* have done that! I looked round at her and she too was smiling as she measured out the gin.

et pris quelques notes en vue d'un article que je préparai pour le lire à la prochaine réunion de notre société, à Canterbury, et que j'avais intitulé « La relation entre les motifs de couleurs et la structure des ailes ». Cela me permit de retrouver mon comportement sérieux et prévenant de tous les jours.

Lorsque j'entrai dans la salle de séjour, nos invités, dont j'étais incapable de retenir le nom, étaient assis sur le divan. Ma femme leur préparait des cocktails.

« Te voici enfin, Arthur, dit-elle. Où donc étais-tu ? »

Cette réflexion me parut inutile. « Je vous prie de m'excuser, dis-je à mes invités en leur serrant la main. Mon travail m'a fait oublier l'heure qu'il était.

— Nous savons tous ce que vous étiez en train de faire, dit la jeune femme en souriant d'un air entendu. Mais nous lui pardonnons, n'est-ce pas, chéri ?

— Je le pense bien », répondit le mari.

J'eus, l'espace de quelques secondes, la vision effrayante et fantastique de ma femme en train de leur dévoiler en détail, entre deux éclats de rire, ce que je faisais à l'étage. Non. C'était impossible. Elle n'avait pas pu faire une chose pareille. Je lui jetai un bref coup d'œil. Elle versait le gin en souriant, elle aussi.

"I'm sorry we disturbed you," the girl said.

I decided that if this was going to be a joke then I'd better join in quickly, so I forced myself to smile with her.

"You must let us see it," the girl continued.

"See what?"

"Your collection. Your wife says that they are absolutely beautiful."

I lowered myself into a chair and relaxed. It was ridiculous to be so nervous and jumpy. "Are you interested in butterflies?" I asked her.

"I'd love to see yours, Mr Beauchamp."

The Martinis were distributed and we settled down to a couple of hours of talk and drink before dinner. It was from then on that I began to form the impression that our guests were a charming couple. My wife, coming from a titled family, is apt to be conscious of her class and breeding, and is often hasty in her judgement of strangers who are friendly towards her – particularly tall men. She is frequently right, but in this case I felt that she might be making a mistake. As a rule, I myself do not like tall men either;

« Nous regrettons tant de vous avoir dérangé »,
reprit la jeune femme.

Si c'était une plaisanterie, me dis-je, il était pré-
férable que je m'y associe sans attendre et, donc,
je me forçai à arborer un sourire, moi aussi.

« Il faut nous la montrer, poursuivit la jeune
femme.

— Vous montrer quoi ?

— Votre collection, voyons ! Il paraît que vos
papillons sont merveilleux. »

Je me laissai tomber dans un fauteuil et me
décontractai. Il était ridicule de se montrer aussi
nerveux et tendu. « Vous vous intéressez donc aux
papillons ? lui demandai-je.

— Je serais très heureuse de voir les vôtres,
Mr. Beauchamp. »

Les cocktails étaient servis et nous restâmes
quelques heures à bavarder et à boire avant de
passer à table. C'est alors que je commençai à me
faire une idée sur mes deux invités : un couple
charmant. Ma femme, qui est issue d'une famille
titrée, est consciente de sa classe et de ses ori-
gines, ce qui fait qu'elle juge trop souvent de
façon hâtive les inconnus qui lui témoignent des
manières familières et il en va tout particulièrement ainsi des hommes de grande taille. Il lui
arrive souvent d'avoir raison, mais cette fois-ci, je
considérai qu'elle faisait probablement erreur. En
principe, moi non plus, je n'aime pas beaucoup
les hommes grands,

they are apt to be supercilious and omniscient. But Henry Snape – my wife had whispered his name – struck me as being an amiable simple young man with good manners whose main preoccupation, very properly, was Mrs Snape. He was handsome in a long-faced, horsy sort of way, with dark-brown eyes that seemed to be gentle and sympathetic. I envied him his fine mop of black hair, and caught myself wondering what lotion he used to keep it looking so healthy. He did tell us one or two jokes, but they were on a high level and no one could have objected.

"At school," he said, "they used to call me Scervix. Do you now why?"

"I haven't the least idea," my wife answered.

"Because cervix is Latin for nape."

This was rather deep and it took me a while to work out.

"What school was that, Mr Snape?" my wife asked.

les trouvant souvent capables d'être hautains et de faire semblant de tout savoir. Mais Henry Snape – c'est ma femme qui m'avait soufflé son nom – était à mon avis un garçon plein de gentillesse et de simplicité, et très bien élevé, dont le premier des soucis était tout naturellement Mrs. Snape. Lui était plutôt beau garçon, l'air un peu chevalin avec son visage allongé, les yeux brun foncé qui lui donnaient un air doux et bienveillant. Je lui enviais secrètement ses beaux cheveux noirs[1] et me pris à me demander quelle lotion il pouvait bien utiliser pour leur conserver une si belle apparence. Il nous raconta quelques histoires drôles. Celles-ci étaient de bonne tenue, pas de celles qui suscitent la désapprobation.

« À l'école, nous dit-il, on me surnommait *Scervix*[2]. Savez-vous pourquoi ?

— Je n'en ai pas la moindre idée, répondit ma femme.

— Parce que *cervix* est le mot latin qui désigne le cou. »

C'était quelque peu abscons et il me fallut un temps pour comprendre.

« Quelle école était-ce, Mr. Snape ? demanda ma femme.

---

1. *Mop* : chevelure touffue, tignasse.
2. *Cervix* : cou, nuque ; également : col de l'utérus. Le mot latin *cervix* a donné le terme français *cervical*. Le jeu de mots anglais porte sur *Snape / nape* et *Scervix / cervix*.

"Eton," he said, and my wife gave a quick little nod of approval. Now she will talk to him, I thought, so I turned my attention to the other one, Sally Snape. She was an attractive girl with a bosom. Had I met her fifteen years earlier I might well have got myself into some sort of trouble. As it was, I had a pleasant enough time telling her all about my beautiful butterflies. I was observing her closely as I talked, and after a while I began to get the impression that she was not, in fact, quite so merry and smiling a girl as I had been led to believe at first. She seemed to be coiled in herself, as though with a secret she was jealously guarding. The deep-blue eyes moved too quickly about the room, never settling or resting on one thing for more than a moment; and over all her face, though so faint that they might not even have been there, those small downward lines of sorrow.

"I'm so looking forward to our game of bridge," I said, finally changing the subject.

"Us too," she answered. "You know we play almost every night, we love it so."

"You are extremely expert, both of you. How did you get to be so good?"

"It's practice," she said. "That's all. Practice, practice, practice."

— Eton[1] », répondit-il, et elle eut un rapide petit signe de tête approbateur. Maintenant, elle daignerait lui parler, me dis-je. Et je me tournai et portai mon attention sur l'autre membre du couple, Sally Snape. Elle était jolie fille. Elle avait une belle poitrine. Si je l'avais rencontrée quinze ans plus tôt, j'eusse sans doute éprouvé de l'émotion. De fait, je passai un moment agréable à lui parler de mes beaux papillons. En parlant, je pus l'examiner de plus près. C'est ainsi qu'au bout d'un moment, elle me parut beaucoup moins joyeuse et souriante qu'à première vue. Elle semblait plutôt repliée sur elle-même, comme si elle gardait jalousement un secret en elle. Son regard, d'un bleu profond, se promenait sur la pièce, trop rapidement, incapable de s'attarder ou de se poser sur un objet plus de quelques instants. Et tout son visage portait, presque imperceptiblement, ces petites rides verticales, signe de tristesse.

« J'attends déjà notre bridge avec impatience, dis-je finalement pour changer de sujet.

— Nous aussi, répondit-elle. Nous jouons presque tous les soirs, tant nous aimons ce jeu.

— Et vous jouez remarquablement tous les deux. Comment en êtes-vous arrivés là ?

— C'est la pratique, répondit-elle. Rien que la pratique, la pratique et encore la pratique.

1. Eton : l'une des écoles anglaises, dites *Public Schools*, les plus réputées, située dans la ville du même nom, à une quarantaine de kilomètres de Londres.

"Have you played in any championships?"

"Not yet, but Henry wants very much for us to do that. It's hard work, you know, to reach that standard. Terribly hard work." Was there not here, I wondered, a hint of resignation in her voice? Yes, that was probably it; he was pushing her too hard, making her take it too seriously, and the poor girl was tired of it all.

At eight o'clock, without changing, we moved in to dinner. The meal went well, with Henry Snape telling us some very droll stories. He also praised my Richebourg '34 in a most knowledgeable fashion, which pleased me greatly. By the time coffee came, I realized that I had grown to like these two youngsters immensely, and as a result I began to feel uncomfortable about this microphone business. It would have been all right if they had been horrid people, but to play this trick on two such charming young persons as these filled me with a strong sense of guilt. Don't misunderstand me. I was not getting cold feet. It didn't seem necessary to stop the operation.

— Avez-vous participé à des championnats ?

— Pas encore, mais Henry aimerait vraiment que nous nous y mettions. Il faut beaucoup travailler, savez-vous, pour pouvoir se présenter. Et c'est un travail très dur. » N'y avait-il pas, me demandai-je, un brin de fatalisme dans sa voix ? Oui, c'était sans doute cela. Il la poussait trop, il lui faisait prendre la chose trop à cœur. Et la pauvre femme se fatiguait de tout cela.

À huit heures, sans prendre la peine de nous changer, nous passâmes à table. Le repas se déroula bien. Henry Snape nous raconta d'autres histoires très amusantes. Il fit l'éloge de mon richebourg 1934 avec une connaissance d'expert, ce qui me fit bien plaisir. Au moment du café, j'étais sûr d'éprouver une profonde amitié pour ces deux jeunes personnes et cela eut pour conséquence de me rendre mal à l'aise par rapport à cette histoire de micro. S'ils avaient été antipathiques, je n'en aurais pas éprouvé le moindre remords. Mais le fait de jouer un tour pareil à des gens aussi charmants me remplit d'un profond sentiment de culpabilité. Comprenez-moi. La chose ne me faisait pas peur[1]. Je ne voyais pas la nécessité de reculer.

---

1. *To get cold feet* : perdre son enthousiasme, prendre peur et se rétracter, se dégonfler.

But I refused to relish the prospect openly as my wife seemed now to be doing, with covert smiles and winks and secret little noddings of the head.

Around nine-thirty, feeling comfortable and well fed, we returned to the large living-room to start our bridge. We were playing for a fair stake – ten shillings a hundred – so we decided not to split families, and I partnered my wife the whole time. We all four of us took the game seriously, which is the only way to take it, and we played silently, intently, hardly speaking at all except to bid. It was not the money we played for. Heaven knows, my wife had enough of that, and so apparently did the Snapes. But among experts it is almost traditional that they play for a reasonable stake.

That night the cards were evenly divided, but for once my wife played badly, so we got the worst of it. I could see that she wasn't concentrating fully, and as we came along towards midnight she began not even to care.

Mais il m'était impossible d'apprécier ouvertement cette plaisanterie comme semblait le faire ma femme qui ne cessait de m'adresser des sourires et des clins d'œil complices et d'effectuer de petits mouvements de la tête entendus.

Vers neuf heures et demie, alors que nous étions repus et que l'atmosphère était agréable, nous retournâmes dans la vaste salle de séjour pour commencer notre partie de bridge. Nous jouâmes pour un bon enjeu, dix shillings[1] les cent points, et donc nous décidâmes de ne pas séparer les familles. Je fus ainsi, durant toute la soirée, le partenaire de ma femme. Nous prîmes tous les quatre le jeu très au sérieux, car c'était la seule façon de bien jouer. Nous étions attentifs et silencieux, ne rompant pratiquement jamais le silence si ce n'est pour les annonces. Ce n'était pas l'argent qui nous importait. Dieu sait que ma femme en possédait plus qu'il n'en fallait et les Snape, eux, n'en manquaient pas non plus apparemment. Mais, entre spécialistes, il est pratiquement de tradition de jouer de bonnes sommes.

Ce soir-là, les cartes se répartissaient de manière équitable mais, pour une fois, ma femme jouait mal et nous n'eûmes pas la main heureuse. Je constatais qu'elle ne se concentrait pas pleinement. Et, alors que minuit approchait, elle sembla ne plus être concernée du tout par la partie.

1. *Shilling*: ancienne unité monétaire, valant un vingtième de la livre ou douze pence.

She kept glancing up at me with those large grey eyes of hers, the eyebrows raised, the nostrils curiously open, a little gloating smile around the corner of her mouth.

Our opponents played a fine game. Their bidding was masterly, and all through the evening they made only one mistake. That was when the girl badly overestimated her partner's hand and bid six spades. I doubled and they went three down, vulnerable, which cost them eight hundred points. It was just a momentary lapse, but I remember that Sally Snape was very put out by it, even though her husband forgave her at once, kissing her hand across the table and telling her not to worry.

Around twelve-thirty my wife announced that she wanted to go to bed.

"Just one more rubber?" Henry Snape said.

"No, Mr Snape. I'm tired tonight. Arthur's tired, too. I can see it. Let's all go to bed."

She herded us out of the room and we went upstairs, the four of us together. On the way up, there was the usual talk about breakfast and what they wanted and how they were to call the maid. "I think you'll like your room,"

Elle tournait sans arrêt vers moi ses grands yeux
gris, ses sourcils relevés, ses narines étrangement
dilatées. Un petit sourire malicieux se dessinait
aux coins de sa bouche.

Nos adversaires jouaient superbement. Leurs
enchères étaient magistrales. Ils ne commirent
qu'une seule erreur au cours de la soirée. Cela se
passa lorsque la jeune femme surestima de beaucoup la main de son partenaire et fit une enchère
de six piques. Je doublai alors et ils durent descendre de trois, ce qui leur fit perdre huit cents
points. Ce ne fut qu'une défaillance passagère,
mais j'observai que Sally Snape en fut fort contrariée, bien que son époux lui pardonnât aussitôt,
lui baisant la main par-dessus la table et lui disant
de ne pas se tourmenter.

Vers minuit et demi, ma femme déclara qu'elle
désirait se coucher.

« Encore un robre[1] ? demanda Henry Snape.

— Non, Mr. Snape. Je suis fatiguée ce soir et
Arthur aussi, je le vois. Allons nous coucher. »

Sur ce, elle nous conduisit hors de la salle de
séjour et nous montâmes au premier, tous les
quatre. En chemin, se posa l'habituelle question
sur le petit déjeuner, sur les préférences de nos
invités et la façon dont il fallait sonner la bonne.
« Votre chambre devrait vous plaire,

---

1. *Rubber*: robre, partie liée de deux ou trois manches qui se
termine lorsqu'une équipe a remporté deux manches.

my wife said. "It has a view right across the valley, and the sun comes to you in the morning around ten o'clock."

We were in the passage now, standing outside our own bedroom door, and I could see the wire I had put down that afternoon and how it ran along the top of the skirting down to their room. Although it was nearly the same colour as the paint, it looked very conspicuous to me. "Sleep well," my wife said. "Sleep well, Mrs Snape. Good night, Mr Snape." I followed her into our room and shut the door.

"Quick!" she cried. "Turn it on!" My wife was always like that, frightened that she was going to miss something. She had a reputation, when she went hunting – I never go myself – of always being right up with the hounds whatever the cost to herself or her horse for fear that she might miss a kill. I could see she had no intention of missing this one.

The little radio warmed up just in time to catch the noise of their door opening and closing again.

"There!" my wife said. "They've gone in." She was standing in the centre of the room in her blue dress, her hands clasped before her, her head craned forward, intently listening, and the whole of the big white face seemed somehow to have gathered itself together, tight like a wineskin.

dit ma femme. Elle a une vue directe sur la vallée et vous aurez le soleil vers dix heures du matin. »

Nous nous trouvions à présent dans le couloir, devant la porte de notre propre chambre à coucher, et je pouvais voir le fil que j'avais posé cet après-midi et qui courait le long de la plinthe jusqu'à leur chambre. Il me parut très voyant, bien qu'il fût à peu près de la même couleur que la peinture. « Dormez bien », dit ma femme. « Dormez bien, Mrs. Snape. Bonne nuit, Mr. Snape. » Je suivis mon épouse dans notre chambre et refermai la porte.

« Vite ! s'écria-t-elle. Allume le poste ! » Ma femme se comportait ainsi, constamment anxieuse que quelque chose lui échappe. À la chasse, où je ne vais jamais, elle avait la réputation de toujours suivre les chiens, sans se soucier des risques que cela comportait pour elle-même ou pour son cheval, afin de ne jamais manquer une mise à mort. Je constatai qu'elle n'avait nulle intention de manquer ce coup-ci.

Le petit poste se réchauffa juste à temps pour nous faire parvenir le bruit de leur porte qui s'ouvrait puis se refermait.

« Ça y est, dit ma femme, ils y sont. » Elle était debout au milieu de la pièce, dans sa robe bleue, les mains jointes devant elle, la tête penchée en avant, écoutant avec attention. Et son visage blanc imposant semblait s'être raidi, tendu comme une outre.

Almost at once the voice of Henry Snape came out of the radio, strong and clear. "You're just a goddam little fool," he was saying, and this voice was so different from the one I remembered, so harsh and unpleasant, it made me jump. "The whole bloody evening wasted! Eight hundred points – that's eight pounds between us!"

"I got mixed up," the girl answered. "I won't do it again, I promise."

"What's *this*?" my wife said. "What's going on?" Her mouth was wide open now, the eyebrows stretched up high, and she came quickly over to the radio and leaned forward, ear to the speaker. I must say I felt rather excited myself.

"I promise, I promise I won't do it again," the girl was saying.

"We're not taking any chances," the man answered grimly. "We're going to have another practice right now."

"Oh no, please! I couldn't stand it!"

"Look," the man said, "all the way out here to take money off this rich bitch and you have to go and mess it up."

My wife's turn to jump.

"The second time this week," he went on.

"I promise I won't do it again."

Presque aussitôt nous entendîmes au poste de radio la voix de Henry Snape, claire et forte. « Tu n'es qu'une fichue idiote de rien du tout », disait-il, d'une voix si différente de celle que je lui connaissais, si criarde et si déplaisante que cela me fit sursauter. « Tu nous as fait perdre toute cette foutue soirée ! Huit cents points, ça fait huit livres en tout !

— Je me suis embrouillée, répondit la jeune femme. Je ne recommencerai plus, je te le promets... »

« Mais, de quoi s'agit-il ? fit ma femme. Qu'est-ce qui se passe ? » Sa bouche était grande ouverte à présent, ses sourcils haut perchés. Elle s'approcha rapidement du poste, se pencha, l'oreille contre le haut-parleur. Je dois dire que j'étais moi-même plutôt intrigué.

« Je le promets... je le promets... je ne recommencerai pas, disait la jeune femme.

— Il n'est pas question de prendre le moindre risque, répliqua l'homme d'un ton sévère. Nous allons faire un nouvel entraînement, tout de suite !

— Oh ! non, pas ça ! J'en serais incapable...

— Attends, fit l'homme, on fait tout ce chemin pour venir plumer cette garce friquée et il a fallu que tu fiches tout par terre ! »

Ce fut le tour de ma femme de sursauter.

« C'est la deuxième fois cette semaine, poursuivit l'homme.

— Ça n'arrivera plus, je te le promets.

"Sit down. I'll sing them out and you answer."

"No, Henry, *please*! Not all five hundred of them. It'll take three hours."

"All right, then. We'll leave out the finger positions. I think you're sure of those. We'll just do the basic bids showing honour tricks."

"Oh, Henry, must we? I'm so tired."

"It's absolutely essential you get them perfect," he said. "We have a game every day next week, you know that. And we've got to eat."

"What is this?" my wife whispered. "What on earth is it?"

"Shhh!" I said. "Listen!"

"All right," the man's voice was saying. "Now we'll start from the beginning. Ready?"

"Oh Henry, *please*!" She sounded very near to tears.

"Come on, Sally. Pull yourself together."

Then, in a quite different voice, the one we had been used to hearing in the living-room, Henry Snape said, "*One* club." I noticed that there was a curious lilting emphasis on the word "one", the first part of the word drawn out long.

"Ace queen of clubs," the girl replied wearily. "King jack of spades. No hearts, and ace jack of diamonds."

— Assieds-toi. Je te les dis et tu réponds.

— Non, Henry, je t'en prie ! Pas les cinq cents.
Ça prendrait trois heures...

— Bon, si tu veux. Laissons tomber les positions
des doigts. Je pense que tu les maîtrises. Nous
allons reprendre seulement les enchères de base
qui concernent les levées d'atouts.

— Oh ! Henry, le faut-il vraiment ? Je suis si
fatiguée !

— Il est absolument impératif que tu sois parfaitement au point là-dessus, dit-il. Nous aurons
une partie par jour, la semaine prochaine, tu le
sais bien. Et il faut que nous mangions. »

« Que se passe-t-il ? chuchota ma femme. Mais,
diable, que se passe-t-il ?

— Chut ! fis-je. Écoute plutôt ! »

« Bien, dit la voix de l'homme. Bon, on va
commencer au début. Es-tu prête ?

— Oh ! Henry, je t'en prie... » Elle semblait au
bord des larmes.

« Allez, Sally, ressaisis-toi un peu ! »

Puis, d'une voix toute différente, celle que nous
avions entendue dans la salle à manger, Henry
Snape prononça : « Un trèfle. » Je remarquai que,
curieusement, il mettait légèrement l'accent sur
le « un », faisant traîner quelque peu le début du
mot.

« As, Dame de trèfle, répondit la jeune femme
avec lassitude. Roi, Valet de pique. Pas de cœurs et
As, Valet de carreau.

"And how many cards to each suit? Watch my finger positions carefully."

"You said we could miss those."

"Well – if you're quite sure you know them?"

"Yes, I know them."

A pause, then "A *club*."

"King jack of clubs," the girl recited. "Ace of spades. Queen jack of hearts, and ace queen of diamonds."

Another pause, then "I'll say *one* club."

"Ace king of clubs..."

"My heavens alive!" I cried. "It's a bidding code! They show every card in the hand!"

"Arthur, it couldn't be!"

"It's like those men who go into the audience and borrow something from you and there's a girl blindfolded on the stage, and from the way he phrases the question she can tell him exactly what it is – even a railway ticket, and what station it's from."

"It's impossible!"

"Not at all. But it's tremendous hard work to learn. Listen to them."

"I'll go *one heart*," the man's voice was saying.

— Et combien de cartes à chaque série ? Regarde bien mes doigts.

— Tu m'as dit que nous laisserions tomber cela !

— Mais, es-tu sûre de les connaître ?

— Oh ! oui, tout à fait sûre. »

Silence. Puis : « Un *trèfle*.

— Roi, Valet de trèfle, récita la jeune femme. As de pique. Dame, Valet de cœur et As, Dame de carreau. »

Nouveau silence, puis : « Et si je disais : UN[1] trèfle ?

— As, Roi de trèfle... »

« Grands dieux, m'écriai-je, c'est le code des enchères ! Ça indique toutes les cartes en main !

— Ce n'est pas possible, Arthur !

— C'est comme ces gens qui vont dans le public et empruntent un objet à quelqu'un. Puis il y a la fille aux yeux bandés sur scène qui devine précisément ce que c'est, d'après la manière dont le bonhomme formule sa question. Même un billet de chemin de fer. Elle dit même où il a été délivré.

— C'est impossible !

— Pas du tout. Mais c'est bougrement difficile à apprendre. Écoute-les un peu. »

« Je dis : UN CŒUR, fit la voix de l'homme.

---

1. *One, a* : l'homme fait la distinction entre l'adjectif numéral et l'article indéfini, différence que l'on ne perçoit pas dans l'emploi du mot français « un » (*one* : un seul, un seulement).

"King queen ten of hearts. Ace jack of spades. No diamonds. Queen jack of clubs..."

"And you see," I said, "he tells her the *number* of cards he has in each suit by the position of his fingers."

"How?"

"I don't know. You heard him saying about it."

"My *God*, Arthur! Are you sure that's what they're doing?"

"I'm afraid so." I watched her as she walked quickly over to the side of the bed to fetch a cigarette. She lit it with her back to me and then swung round, blowing the smoke up at the ceiling in a thin stream. I knew we were going to have to do something about this, but I wasn't quite sure what because we couldn't possibly accuse them without revealing the source of our information. I waited for my wife's decision.

"Why, Arthur," she said slowly, blowing out clouds of smoke. "Why, this is a *marvellous* idea. D'you think *we* could learn to do it?"

"What!"

"Of course. Why not?"

"Here! No! Wait a minute, Pamela..." but she came swiftly across the room, right up close to me where I was standing, and she dropped her head and looked down at me – the old look of a smile that wasn't a smile,

— Roi, Dame, Dix de cœur. As, Valet de pique. Pas de carreaux. Dame, Valet de trèfle... »

« Et tu vois, dis-je, il lui indique même le nombre des cartes de chaque série par la position de ses doigts.

— Comment fait-il ?

— Je ne sais pas, mais tu as bien entendu ce qu'il a dit ?

— Mon Dieu ! Es-tu bien sûr que c'est ce qu'ils font, Arthur ?

— Je le crains. » Je l'observai tandis qu'elle se précipitait vers la table de nuit pour prendre une cigarette. Elle l'alluma en me tournant le dos. Puis elle se retourna et envoya une mince colonne de fumée en direction du plafond. Nous allions devoir faire quelque chose par rapport à ce qui se passait, je le savais, mais quoi exactement ? Car il était impossible de les accuser sans révéler notre source d'information. J'attendis la décision de ma femme.

« Voyons, Arthur, dit-elle calmement en laissant échapper des nuages de fumée. Voyons, c'est une idée absolument merveilleuse. Ne pourrions-nous pas, nous aussi, apprendre à faire comme eux ?

— Quoi ?

— Mais oui, pourquoi pas ?

— Non... voyons, Pamela, un instant... » Mais elle traversa rapidement la pièce pour venir se planter directement devant moi, baissa la tête et me toisa, arborant à la commissure des lèvres ce sourire habituel qui n'en était pas un.

at the corners of the mouth, and the curl of the
nose, and the big full grey eyes staring at me with
their bright black centres, and then they were grey,
and all the rest was white flecked with hundreds
of tiny red veins – and when she looked at me like
this, hard and close, I swear to you it made me feel
as though I were drowning.

"Yes," she said, "Why not?"

"But Pamela… Good heavens… No… After
all…"

"Arthur, I do wish you wouldn't *argue* with me
all the time. That's exactly what we'll do. Now, go
fetch a deck of cards; we'll start right away."

Son nez frémissait et les points noirs brillants de
ses grands yeux gris fixés sur moi devinrent gris
à leur tour, le tout flottant dans du blanc marbré
de mille petites veines rouges. Et tandis qu'elle
frémissait de cette façon, le regard dur et appuyé,
j'avais toujours l'impression de me noyer, je vous
le jure.

« Oui, dit-elle. Pourquoi pas ?

— Mais, Pamela... grands dieux... non... après
tout...

— Arthur, je souhaiterais vraiment que tu cesses
de me contredire à tout bout de champ. Nous
allons faire exactement ce que je viens de dire. Et
maintenant, va chercher un paquet de cartes, que
nous commencions sans plus attendre ! »

Neck

Cou

When, about eight years ago, old Sir William Turton died and his son Basil inherited *The Turton Press* (as well as the title), I can remember how they started laying bets around Fleet Street as to just how long it would be before some nice young woman managed to persuade the little fellow that she must look after him. That is to say, him and his money.

The new Sir Basil Turton was maybe forty years old at the time, a bachelor, a man of mild and simple character who up to then had shown no interest in anything at all except his collection of modern painting and sculpture. No woman had disturbed him; no scandal or gossip had ever touched his name. But now that he had become the proprietor of quite a large newspaper and magazine empire,

Lorsque mourut le vieux Sir William Turton, il y a environ huit ans, et que son fils Basil hérita de *The Turton Press* (comme du titre nobiliaire), je me souviens de la façon dont commencèrent à fuser des paris du côté de Fleet Street[1] sur le temps qu'il faudrait avant qu'une jeune et belle femme persuade le petit homme qu'il avait besoin de quelqu'un pour s'occuper de lui. De lui et de sa fortune, s'entend.

Le nouveau Sir Basil Turton avait peut-être la quarantaine à l'époque. Célibataire, de caractère doux et modeste, il ne s'était intéressé jusque-là à rien d'autre qu'à ses collections de peinture et de sculpture modernes. Aucune femme ne l'avait troublé, aucun scandale ni le moindre commérage n'avaient effleuré son nom. Mais, à la tête à présent d'un empire de journaux et de magazines passablement étendu,

---

1. *Fleet Street*: rue de Londres où les principaux journaux anglais ont longtemps eu leur siège.

it was necessary for him to emerge from the calm of his father's country house and come up to London.

Naturally, the vultures started gathering at once, and I believe that not only Fleet Street but very nearly the whole of the city was looking on eagerly as they scrambled for the body. It was slow motion, of course, deliberate and deadly slow motion, and therefore not so much like vultures as a bunch of agile crabs clawing for a piece of horse-meat under water.

But to everyone's surprise the little chap proved to be remarkably elusive, and the chase dragged on right through the spring and early summer of that year. I did not know Sir Basil personally, nor did I have any reason to feel friendly towards him, but I couldn't help taking the side of my own sex and found myself cheering loudly every time he managed to get himself off the hook.

Then, round about the beginning of August, apparently at some secret female signal, the girls declared a sort of truce among themselves while they went abroad, and rested, and regrouped, and made fresh plans for the winter kill.

il dut se résigner à quitter la paisible maison de campagne de son père pour venir s'installer à Londres.

Inévitablement, les vautours affluèrent sans
attendre et je crois que, non seulement Fleet Street,
mais pratiquement la ville entière se prit à les observer avec avidité tandis qu'ils se bousculaient vers la
proie. La lutte se déroulait au ralenti, bien sûr, avec
des mouvements savamment calculés, visant la mort,
et, de ce fait, non pas tant comme des vautours que
comme une bande de crabes agiles tentant d'agrip-
per de leurs pinces un morceau de viande de cheval
qu'on leur aurait jeté au fond de l'eau.

Mais, à la surprise générale, le petit homme se
révéla étonnamment insaisissable et la traque se
poursuivit tout au long du printemps et une partie
de l'été de cette année-là. Je ne connaissais pas Sir
Basil personnellement et je n'avais aucune raison
de lui porter une quelconque amitié, mais, par
loyauté[1] envers mon sexe, j'applaudissais frénéti-
quement chaque fois qu'il évitait un piège[2].

Enfin, vers le début du mois d'août, sans doute
sur un signal dont les femmes ont le secret, les
filles à marier s'accordèrent une sorte de trêve
entre elles, tandis qu'elles voyageaient à l'étranger, prenaient du repos, retrouvaient leur sang-
froid et échafaudaient de nouveaux plans relatifs à
la mise à mort de l'hiver suivant.

1. *To take somebody's side* : prendre le parti de quelqu'un.
2. *Hook* : hameçon.

This was a mistake because precisely at that moment a dazzling creature called Natalia something or other, whom nobody had heard of before, swept in from the Continent, took Sir Basil firmly by the wrist and led him off in a kind of swoon to the Registry Office at Caxton Hall where she married him before anyone else, least of all the bridegroom, realized what was happening.

You can imagine that the London ladies were indignant, and naturally they started disseminating a vast amount of fruity gossip about the new Lady Turton ("That dirty poacher", they called her). But we don't have to go into that. In fact, for the purposes of this story we can skip the next six years, which brings us right up to the present, to an occasion exactly one week ago today when I myself had the pleasure of meeting her ladyship for the first time. By now, as you must have guessed, she was not only running the whole of *The Turton Press*, but as a result had become a considerable political force in the country.

Ce fut une erreur car, à ce moment précis, une créature éblouissante nommée Natalia Chose ou je ne sais quoi, dont personne n'avait entendu parler auparavant, surgit d'outre-Manche, fondit sur Sir Basil, le saisit fermement par la main[1] et l'entraîna, tombé en pâmoison, au bureau de l'état civil de Caxton Hall[2] où elle l'épousa, avant que quiconque, le marié lui-même encore moins, n'ait eu le temps de se rendre compte de ce qui se passait.

Il est facile d'imaginer l'indignation de ces dames de Londres et, naturellement, l'abondance de savoureux cancans qu'elles mirent en circulation sur le compte de la nouvelle Lady Turton. La « Reine du braconnage[3] », l'appelaient-elles. Mais ceci n'est pas notre affaire. En réalité, pour les besoins de cette histoire, nous pouvons ignorer les six années qui suivirent, ce qui nous amène directement au temps présent, au moment où j'eus moi-même l'honneur d'être présenté pour la première fois à Lady Turton, il y a tout juste une semaine aujourd'hui. À ce moment-là, ainsi que vous l'avez sans doute deviné, Lady Turton non seulement régentait *The Turton Press* mais elle était, en conséquence, devenue une puissance politique considérable du pays.

1. *Wrist* : poignet.
2. Caxton Hall : dans le quartier de Westminster, à Londres, lieu où se marièrent de nombreuses célébrités : Elizabeth Taylor, Orson Welles, Peter Sellers...
3. *That dirty poacher* : mot à mot, cette sale braconnière.

I realize that other women have done this sort of thing before, but what made her particular case unusual was the fact that she was a foreigner and that nobody seemed to know precisely what country she came from – Yugoslavia, Bulgaria, or Russia.

So last Thursday I went to this small dinner party at a friend's in London, and while we were standing around in the drawing-room before the meal, sipping good Martinis and talking about the atom bomb and Mr Bevan, the maid popped her head in to announce the last guest.

"Lady Turton," she said.

Nobody stopped talking; we were too well-mannered for that. No heads were turned. Only our eyes swung round to the door, waiting for the entrance.

She came in fast – tall and slim in a red-gold dress with sparkles on it – the mouth smiling, the hand outstretched towards her hostess, and my heavens, I must say she was a beauty.

"Mildred, good evening!"

"My dear Lady Turton! How nice!"

Je sais bien que d'autres femmes ont occupé une telle position avant elle, mais son cas avait ceci d'insolite qu'elle était étrangère et que nul ne savait au juste de quel pays elle venait: Bulgarie, Yougoslavie ou Russie?

Jeudi dernier j'étais donc invité à un dîner intime chez un ami de Londres. En attendant au salon le moment de passer à table, nous dégustions d'excellents Martini, tout en discutant de la bombe atomique et de la politique de Mr. Bevan[1], quand la bonne parut sur le seuil pour annoncer la dernière invitée:

« Lady Turton », dit-elle.

Les conversations continuèrent – nous étions entre gens du monde – et personne ne tourna la tête, mais, du coin de l'œil, nous lorgnions la porte, attendant son apparition.

Elle entra d'un pas rapide, longue et mince, vêtue d'une scintillante robe rouge et or, un sourire aux lèvres et la main tendue vers la maîtresse de maison. Dieu qu'elle était belle! dois-je dire.

« Bonsoir, Mildred.

— Ma chère Lady Turton, que je suis heureuse de vous voir! »

1. Aneurin Bevan (1897-1960): cet homme politique gallois, l'un des leaders du Parti travailliste, fut ministre de la Santé dans le gouvernement de l'après Seconde Guerre mondiale. Sa loi sur la sécurité sociale, le *National Health Service Act* (*NHS*, ainsi que l'on s'y réfère presque toujours), établit le principe d'un service de santé gratuit pour tous.

I believe we *did* stop talking then, and we turned and stared and stood waiting quite meekly to be introduced, just like she might have been the Queen or a famous film star. But she was better looking than either of those. The hair was black, and to go with it she had one of those pale, oval, innocent fifteenth-century Flemish faces, almost exactly a Madonna by Memling or Van Eyck. At least that was the first impression. Later, when my turn came to shake hands, I got a closer look and saw that except for the outline and colouring it wasn't really a Madonna at all – far, far from it.

The nostrils for example were very odd, somehow more open, more flaring than any I had seen before, and excessively arched. This gave the whole nose a kind of open, snorting look that had something of the wild animal about it – the mustang.

And the eyes, when I saw them close, were not wide and round the way the Madonna painters used to make them, but long and half closed, half smiling, half sullen, and slightly vulgar,

Cette fois, je crois bien que nous interrompîmes nos conversations et que nous nous tournâmes pour la contempler à loisir en attendant humblement d'être présentés, tout comme s'il se fût agi de la Reine ou d'une célèbre star du cinéma, mais combien plus belle que l'une ou l'autre ! Elle avait une chevelure noire qui s'accompagnait d'un de ces visages à l'ovale pur évoquant les peintures flamandes du XVe siècle, presque à l'égal d'une Vierge de Memling ou Van Eyck[1]. Ce fut en tout cas mon premier sentiment car, un peu plus tard, lorsque vint mon tour de lui serrer la main, je pus la voir de plus près et je m'aperçus que, hormis le coloris et la forme, son visage n'avait absolument rien de virginal, loin s'en faut.

Les narines, par exemple, étaient tout à fait curieuses, plus ouvertes, plus béantes qu'aucune qu'il m'ait jamais été donné de voir, et incroyablement arquées. Elles donnaient au nez tout entier un caractère franc, frémissant, qui évoquait un animal sauvage, un mustang.

Ses yeux, lorsque je les vis de près, ne m'apparurent pas larges et arrondis comme les peintres flamands en attribuaient à leurs madones. En amande, mi-clos, mi-souriants, mi-boudeurs et un rien vulgaires,

1. Hans Memling, mort en 1494, est l'un des principaux peintres primitifs flamands. Représentant de l'école de Bruges, aux côtés notamment de Jan Van Eyck, il est resté célèbre pour ses portraits et ses Vierges d'un réalisme minutieux.

so that in one way and another they gave her a most delicately dissipated air. What's more, they didn't look at you directly. They came to you slowly from over on one side with a curious sliding motion that made me nervous. I tried to see their colour, thought it was pale grey, but couldn't be sure.

Then she was led away across the room to meet other people. I stood watching her. She was clearly conscious of her success and of the way these Londoners were deferring to her. "Here am I", she seemed to be saying, "and I only came over a few years ago, but already I am richer and more powerful than any of you." There was a little prance of triumph in her walk.

A few minutes later we went in to dinner, and to my surprise I found myself seated on her ladyship's right. I presumed that our hostess had done this as a kindness to me, thinking I might pick up some material for the social column I write each day in the evening paper. I settled myself down ready for an interesting meal. But the famous lady took no notice of me at all; she spent her time talking to the man on her left, the host. Until at last, just as I was finishing my ice-cream, she suddenly turned, reached over,

ils donnaient d'une façon ou d'une autre à sa phy-
sionomie un air délicatement libertin. De plus,
jamais ces yeux-là ne vous regardaient en face ; le
regard se posait sur vous de biais avec un curieux
mouvement en coulisse qui me mettait mal à l'aise.
J'essayai d'en discerner la couleur. Gris pâle, sans
doute, mais je n'en pourrais jurer.

Puis on l'entraîna à l'autre bout de la pièce à la
rencontre d'autres gens. Je l'observais en silence.
Elle paraissait pleinement consciente de son succès et de la déférence que ces Londoniens lui
accordaient. « Regardez-moi bien, semblait-elle
dire, je ne suis pourtant ici que depuis quelques
années mais me voilà plus riche et plus puissante
que vous tous. » En marchant, elle se pavanait avec
des airs triomphants.

Quelques minutes plus tard, nous passâmes à
table et j'eus la surprise d'être placé à la droite
de la grande dame. Sans doute une attention délicate de notre hôtesse, je suppose, pensant que
cela me permettrait de glaner quelques propos
intéressants pour la rubrique mondaine que je
tiens quotidiennement dans le journal du soir. Je
m'installai donc, disposé à passer un repas plein
d'intérêt. Mais la célèbre dame ne daigna pas me
remarquer, faisant toute la soirée la conversation
à son voisin de gauche, le maître de maison. Ce
n'est qu'au moment précis où je terminai ma
glace, qu'elle se retourna brusquement, allongea
le bras,

picked up my place card and read the name. Then, with that queer sliding motion of the eyes she looked into my face. I smiled and made a little bow. She didn't smile back, but started shooting questions at me, rather personal questions – job, age, family, things like that – in a peculiar lapping voice, and I found myself answering as best I could.

During this inquisition it came out among other things that I was a lover of painting and sculpture.

"Then you should come down to the country some time and see my husband's collection." She said it casually, merely as a form of conversation, but you must realize that in my job I cannot afford to lose an opportunity like this.

"How kind of you, Lady Turton. But I'd simply love to. When shall I come?"

Her head went up and she hesitated, frowned, shrugged her shoulders, and then said, "Oh, I don't care. Any time."

"How about this next week-end? Would that be all right?"

The slow narrow eyes rested a moment on mine, then travelled away. "I suppose so, if you wish. I don't care."

And that was how on the following Saturday afternoon I came to be driving down to Wooton with my suitcase in the back of the car.

prit la carte placée devant moi, déchiffra mon nom et se mit à me dévisager de son étrange mouvement des yeux. Je lui souris et m'inclinai légèrement. Sans répondre à mon sourire, elle commença, d'une voix curieusement saccadée, à me mitrailler de questions, des questions plutôt personnelles : âge, situation, famille, des choses de ce genre. Je m'efforçai de répondre de mon mieux.

Au cours de cet interrogatoire, je laissai entendre, parmi d'autres sujets, que j'étais grand amateur de peinture et de sculpture.

« Ah ! fit-elle, vous devriez venir à la campagne, un de ces jours, pour voir la collection de mon mari. » Simple propos de politesse dit en passant mais, dans mon métier, vous pouvez l'imaginer, je ne peux pas me permettre de laisser passer de pareilles aubaines.

« Que vous êtes aimable, Lady Turton ! Ce serait avec grand plaisir. Quand puis-je venir ? »

Elle leva la tête, hésita, le sourcil légèrement froncé, haussa les épaules et dit enfin : « Oh ! cela m'est égal. Quand vous voudrez.

— Que diriez-vous du prochain week-end ? Cela vous convient-il ? »

Le long regard en biais s'appuya un instant sur le mien puis se perdit dans le vague. « Pourquoi pas ? Si vous le souhaitez. Peu importe. »

Et voilà comment, le samedi après-midi suivant, au volant de ma voiture, ma valise sur le siège arrière, je roulais en direction de Wooton.

You may think that perhaps I forced the invitation a bit, but I couldn't have got it any other way. And apart from the professional aspect, I personally wanted very much to see the house. As you know, Wooton is one of the truly great stone houses of the early English Renaissance. Like its sisters, Longleat, Wollaton, and Montacute, it was built in the latter half of the sixteenth century when for the first time a great man's house could be designed as a comfortable dwelling, not as a castle, and when a new group of architects such as John Thorpe and the Smythsons were starting to do marvellous things all over the country. It lies south of Oxford, near a small town called Princes Risborough – not a long trip from London – and as I swung in through the main gates the sky was closing overhead and the early winter evening was beginning.

I went slowly up the long drive, trying to see as much of the grounds as possible, especially the famous topiary which I had heard such a lot about. And I must say it was an impressive sight.

Sans doute pensez-vous que j'avais un peu forcé cette invitation, mais je ne l'aurais pas obtenue autrement. L'intérêt professionnel n'était pas seul en jeu. Je mourais d'envie de voir la propriété. Wooton, vous le savez sans doute, est l'une des plus belles constructions en pierre de taille du début de la Renaissance anglaise. Comme ses sœurs, Longleat, Wollaton, Montacute, elle date du XVIe siècle, époque où les nobles demeures, pour la première fois, furent conçues comme des maisons de plaisance, non plus comme des châteaux forts. C'est alors qu'un groupe d'architectes, parmi eux John Thorpe et les Smythson[1], entreprirent de réaliser des constructions merveilleuses dans tout le pays. Situé au sud d'Oxford, près d'un bourg nommé Princes Risborough, Wooton n'est pas très éloigné de Londres. Le ciel s'assombrissait, annonçant une longue soirée d'hiver, quand je pris le virage pour franchir le grand portail d'entrée.

En remontant la longue allée, je conduisis lentement pour tenter d'admirer le domaine, autant que cela était encore possible, surtout les célèbres topiaires[2] dont j'avais tant entendu parler. Spectacle saisissant, je dois le dire,

---

1. Allusion à John Thorpe et Robert Smythson. Le fils de ce dernier, John, et son petit-fils, Hutingdon, étaient également architectes.
2. *Topiary*: l'art topiaire consiste en la création de sculptures végétales. L'if et le buis sont les plantes les plus utilisées pour former des topiaires.

On all sides there were massive yew trees, trimmed and clipped into many different comical shapes – hens, pigeons, bottles, boots, armchairs, castles, egg-cups, lanterns, old women with flaring petticoats, tall pillars, some crowned with a ball, others with big rounded roofs and stemless mushroom finials – and in the half darkness the greens had turned to black so that each figure, each tree, took on a dark, smooth sculptural quality. At one point I saw a lawn covered with gigantic chessmen, each a live yew tree, marvellously fashioned. I stopped the car, got out and walked among them, and they were twice as tall as me. What's more, the set was complete, kings, queens, bishops, knights, rooks and pawns, standing in position as for the start of a game.

Around the next bend I saw the great grey house itself, and in front of it the large entrance forecourt enclosed by a high balustraded wall with small pillared pavilions at its outer angles. The piers of the balustrades were surmounted by stone obelisks – the Italian influence on the Tudor mind – and a flight of steps at least a hundred feet wide led up to the house.

avec partout ces ifs imposants, taillés et coupés
de façon à donner des formes cocasses : poules,
pigeons, bouteilles, bottes, fauteuils, coquetiers,
lanternes, vieilles femmes aux jupes amples, hauts
piliers couronnés pour certains d'une boule et
pour d'autres d'un large dôme et d'un bombe-
ment en forme de chapeau de champignon[1]. Dans
la pénombre, les verts tournaient au noir, si bien
que chaque forme, chaque arbre prenait l'apparence d'une sculpture sombre et lisse. À un certain moment, sur une pelouse, je vis se dresser les
pièces d'un jeu d'échecs géant, chacune réalisée
à partir d'un if vivant, admirablement taillé. Arrêtant ma voiture, je me promenai parmi eux ; ils
étaient deux fois grands comme moi. Et qui plus
est, la série était complète : rois, reines, fous, cava-
liers, tours, pions, rangés comme sur un échiquier
au début d'une partie.

Au tournant suivant, j'aperçus la vaste demeure
de couleur grise avec, au-devant, la grande cour
d'honneur entourée d'un haut mur à balustres et
flanquée, aux coins extérieurs, de petits pavillons
à colonnes. Influence italienne sur le style Tudor,
des obélisques de pierre ornaient les tablettes de
la balustrade. Un escalier d'au moins cent pieds[2]
de large menait à la demeure.

1. *Stemless* : sans tige ; *a stem* : une tige.
2. Cent pieds : environ 30 m.

As I drove into the forecourt I noticed with rather a shock that the fountain basin in the middle supported a large statue by Epstein. A lovely thing, mind you, but surely not quite in sympathy with its surroundings. Then, looking back as I climbed the stairway to the front door, I saw that on all the little lawns and terraces round about there were other modern statues and many kinds of curious sculpture. In the distance, I thought I recognized Gaudier-Brzeska, Brancusi, Saint-Gaudens, Henry Moore, and Epstein again.

The door was opened by a young footman who led me up to a bedroom on the first floor. Her ladyship, he explained, was resting, so were the other guests, but they would all be down in the main drawing-room in an hour or so, dressed for dinner.

En entrant dans la cour, j'eus un mouvement de surprise, presque un choc : au centre d'un bassin, se dressait une statue d'Epstein[1]. Œuvre admirable, certes, mais bien peu en harmonie avec le cadre. À mi-hauteur de l'escalier qui menait à l'entrée, je m'arrêtai pour jeter un regard derrière moi. Sur toutes les petites pelouses, les terrasses environnantes, je vis des statues modernes et toutes sortes de curieuses sculptures. De loin, je crus reconnaître des Gaudier-Brzeska, Brancusi, Saint-Gaudens, Henry Moore[2] et d'autres Epstein.

La porte me fut ouverte par un jeune valet de pied qui me conduisit à une chambre du premier étage. Madame se reposait, me dit-il, et ses invités également, mais tout le monde devait se retrouver dans le grand salon dans une heure environ, pour le dîner, en tenue de soirée.

1. Jacob Epstein (1880-1959) : sculpteur américain qui travailla à Paris (où on lui doit notamment une œuvre qui orne la tombe d'Oscar Wilde au cimetière du Père-Lachaise, 1911) et surtout en Angleterre.
2. Henri Gaudier-Brzeska (1891-1915), dessinateur et sculpteur français, fit une partie de sa carrière en Angleterre. Constantin Brancusi (1876-1957), Roumain installé à Paris dans le XVᵉ arrondissement, développa une partie de son œuvre autour de thèmes tels que le baiser, les oiseaux, la colonne sans fin. Son atelier devint, dans les années 1920, son lieu d'exposition et une œuvre en lui-même. Augustus Saint-Gaudens (1848-1907) est un sculpteur américain né irlandais ; il fut l'un des fondateurs de l'Académie américaine des arts et lettres en 1904. Henry Moore (1898-1986) est un sculpteur britannique connu pour ses œuvres abstraites en bronze et en marbre.

Now in my job it is necessary to do a lot of week-ending. I suppose I spend around fifty Saturdays and Sundays a year in other people's houses, and as a result I have become fairly sensitive to unfamiliar atmosphere. I can tell good or bad almost by sniffing with my nose the moment I get in the front door; and this one I was in now I did not like. The place smelled wrong. There was the faint, desiccated whiff of something troublesome in the air; I was conscious of it even as I lay steaming luxuriously in my great marble bath; and I couldn't help hoping that no unpleasant things were going to happen before Monday came.

The first of them – though more of a surprise than an unpleasantness – occurred ten minutes later. I was sitting on the bed putting on my socks when softly the door opened, and an ancient lopsided gnome in black tails slid into the room. He was the butler, he explained, and his name was Jelks, and he did so hope I was comfortable and had everything I wanted.

I told him I was and had.

He said he would do all he could to make my week-end agreeable. I thanked him and waited for him to go. He hesitated, and then, in a voice dripping with unction, he begged permission to mention a rather delicate matter. I told him to go ahead.

Il est maintenant nécessaire dans ma profession de passer bon nombre de week-ends hors de chez soi. Invité chez d'autres gens peut-être une cinquantaine de samedis et de dimanches par an, j'ai acquis une sorte de flair pour me faire une idée de l'atmosphère d'un lieu inconnu. À peine la porte franchie, je sais si l'ambiance d'une maison va être bonne ou mauvaise, je la renifle en quelque sorte. Celle-ci me déplut ; quelque chose ici, dans l'air, m'impressionnait désagréablement. On y percevait une légère odeur, sèche, qui dénotait quelque chose d'inquiétant. Je le constatais jusque dans la brume de la vaste baignoire de marbre où je me prélassais voluptueusement. Je me surpris à souhaiter qu'il n'arrivât rien de fâcheux avant mon départ, le lundi matin.

Plus drôle que fâcheux, le premier incident se produisit une dizaine de minutes plus tard. J'étais assis sur mon lit, en train d'enfiler mes chaussettes, quand la porte s'ouvrit sans bruit, livrant passage à une sorte de gnome bancal, très vieux, vêtu d'une queue-de-pie noire. Il m'apprit qu'il était le majordome et qu'il s'appelait Jelks. Il venait s'assurer que j'étais bien installé et ne manquais de rien.

Je répondis que tout était parfait.

Il ferait son possible pour que mon week-end soit agréable, dit-il, et je l'en remerciai et attendis qu'il se retire. Mais il hésita, puis, d'une voix pleine d'onction, me demanda la permission de m'entretenir d'une question quelque peu délicate. Je lui demandai de s'expliquer.

To be quite frank, he said, it was about tipping. The whole business of tipping made him acutely miserable.

Oh? And why was that?

Well, if I really wanted to know, he didn't like the idea that his guests felt under an obligation to tip him when they left the house – as indeed they did. It was an undignified proceeding both for the tipper and the tipped. Moreover, he was well aware of the anguish that was often created in the minds of guests such as myself, if I would pardon the liberty, who might feel compelled by convention to give more than they could really afford.

He paused, and two small crafty eyes watched my face for a sign. I murmured that he needn't worry himself about such things so far as I was concerned.

On the contrary, he said, he hoped sincerely that I would agree from the beginning to give him no tip at all.

"Well," I said. "Let's not fuss about it now, and when the time comes we'll see how we feel."

"No, sir!" he cried. "Please, I really must insist."

So I agreed.

He thanked me, and shuffled a step or two closer.

Voilà, pour être tout à fait franc, expliqua-t-il, il s'agissait du pourboire. La question des pourboires l'avait toujours profondément chagriné.

Pourquoi?

Eh bien, puisqu'il fallait tout me dire, l'idée que les invités se sentent obligés de laisser une gratification au moment de partir, et ils le faisaient, ne lui plaisait guère. C'était à la fois gênant pour celui qui donne et celui qui reçoit. Et puis, il se rendait très bien compte du sentiment d'appréhension que cette perspective pouvait créer dans l'esprit de certains invités tels que moi-même – si je lui permettais cette liberté – qui pouvaient se croire obligés par l'usage de gratifier au-dessus de leurs moyens.

Il y eut une pause pendant laquelle deux petits yeux cauteleux scrutaient mon visage, guettant un signe d'assentiment. Je bredouillai qu'il avait tort de se faire du souci, du moins en ce qui me concernait.

Bien au contraire, me dit-il, il comptait sincèrement sur le fait que j'accepterais dès à présent de ne pas lui donner de pourboire du tout.

« Eh bien, lui dis-je, inutile de nous tracasser dès maintenant. Il sera bien temps, le moment venu, de voir ce qu'il conviendra de faire.

« Non! s'écria-t-il, que Monsieur veuille bien m'excuser, je me permets d'insister. »

Je finis par accepter.

Il me remercia et fit un pas ou deux dans ma direction, traînant les pieds.

Then, laying his head on one side and clasping his hands before him like a priest, he gave a tiny apologetic shrug of the shoulders. The small sharp eyes were still watching me, and I waited, one sock on, the other in my hands, trying to guess what was coming next.

All that he would ask, he said softly, so softly now that his voice was like music heard faintly in the street outside a great concert hall, all that he would ask was that instead of a tip I should give him thirty-three and a third per cent of my winnings at cards over the week-end. If I lost, there would be nothing to pay.

It was all so soft and smooth and sudden that I was not even surprised.

"Do they play a lot of cards, Jelks?"

"Yes, sir, a great deal."

"Isn't thirty-three and a third a bit steep?"

"I don't think so, sir."

"I'll give you ten per cent."

"No, sir, I couldn't do that." He was now examining the finger-nails of his left hand, and patiently frowning.

"Then we'll make it fifteen. All right?"

"Thirty-three and a third, sir. It's very reasonable.

Puis, les mains jointes à la manière d'un prêtre, la tête penchée, il haussa légèrement les épaules, comme pour s'excuser. Ses petits yeux en vrille ne me quittaient pas, et j'attendais, une chaussette au pied, l'autre à la main, me demandant ce qui allait suivre.

Tout ce qu'il pourrait accepter, dit-il d'une voix feutrée, si feutrée qu'elle me parvenait comme les bribes de musique que l'on entend en passant dans la rue devant une grande salle de concert, tout ce qu'il pourrait accepter, c'est que je lui remette un tiers[1] de tous mes gains au jeu au cours du week-end. Si je perdais, je ne lui devrais rien.

Cela me parut si patelin, si suave, si imprévu, que je n'en fus même pas surpris.

« Joue-t-on beaucoup aux cartes, ici, Jelks ?

— Oui, Monsieur, beaucoup.

— Et vous ne trouvez pas qu'un tiers pour vous c'est un peu raide ?

— Je ne le pense pas, Monsieur.

— Je vous offre dix pour cent.

— Je ne saurais accepter, Monsieur. » À présent, il examinait attentivement les ongles de sa main gauche, attendant patiemment la suite, l'air renfrogné.

« Disons quinze. Ça vous va ?

— Un tiers, Monsieur. C'est très raisonnable.

1. *Thirty-three and a third per cent*: mot à mot, trente-trois pour cent et un tiers (33,3 %).

After all, sir, seeing that I don't even know if you
are a good player, what I'm actually doing, not
meaning to be personal, is backing a horse and
I've never even seen it run."

No doubt you think that I should never have
started bargaining with the butler in the first place,
and perhaps you are right. But being a liberal-
minded person, I always try my best to be affable
with the lower classes. Apart from that, the more
I thought about it, the more I had to admit to
myself that it was an offer no sportsman had the
right to reject.

"All right then, Jelks. As you wish."

"Thank you, sir." He moved towards the door,
walking slowly sideways like a crab; but once more
he hesitated, a hand on the knob. "If I may give
you a little advice, sir – may I?"

"Yes?"

"It's simply that her ladyship tends to overbid
her hand."

Now *this was* going too far. I was so startled I
dropped my sock. After all, it's one thing to have
a harmless little sporting arrangement with the
butler about tipping, but when he begins conniv-
ing with you to take money away from the hostess
then it's time to call a halt.

"All right Jelks. Now that'll do."

Que Monsieur considère que je ne sais même pas si Monsieur joue bien. Sans vouloir offenser Monsieur, je lui ferai remarquer que je me trouve dans la situation de celui qui mise sur un cheval qu'il n'a jamais vu courir. »

Sans nul doute pensez-vous que je n'aurais jamais dû entamer ce marchandage avec un majordome, et vous avez probablement raison. Mais, d'opinions libérales, je m'efforce toujours de faire preuve d'affabilité envers les classes laborieuses. Ceci dit, plus je réfléchissais à l'offre de Jelks, plus je me persuadais que quiconque se montrant beau joueur n'avait le droit de la refuser.

« C'est bon, Jelks. J'accepte.

— Je remercie beaucoup Monsieur. » Il gagna lentement la porte, se déplaçant de guingois, comme un crabe. Une main sur la poignée, il parut hésiter encore et dit : « Si je puis me permettre de donner un petit conseil à Monsieur...

— Eh bien ?

— Je voudrais simplement prévenir Monsieur que Madame a tendance à forcer ses annonces. »

À présent, tout cela allait beaucoup trop loin. Stupéfait, je laissai tomber ma chaussette. Faire un petit arrangement sans conséquence avec le majordome au sujet du pourboire, passe encore, mais s'entendre avec lui pour soutirer de l'argent à votre hôtesse, c'était dépasser les bornes !

« C'est bon, Jelks. Restons-en là.

"No offence, sir, I hope. All I mean is you're bound to be playing against her ladyship. She always partners Major Haddock."

"Major Haddock? You mean Major Jack Haddock?"

"Yes, sir."

I noticed there was the trace of a sneer around the corners of Jelks's nose when he spoke about this man. And it was worse with Lady Turton. Each time he said "her ladyship" he spoke the words with the outsides of his lips as though he were nibbling a lemon, and there was a subtle, mocking inflexion in his voice.

"You'll excuse me now, sir. *Her ladyship* will be down at seven o'clock. So will *Major Haddock* and the others." He slipped out of the door leaving behind him a certain dampness in the room and a faint smell of embrocation.

Shortly after seven, I found my way to the main drawing-room, and Lady Turton, as beautiful as ever, got up to greet me.

"I wasn't even sure you were coming," she said in that peculiar lilting voice. "What's your name again?"

"I'm afraid I took you at your word, Lady Turton. I hope it's all right."

— Je n'avais pas l'intention de froisser Monsieur. Je voulais tout simplement le prévenir qu'il sera sans doute appelé à jouer contre Madame. Elle prend toujours le Major Haddock comme partenaire.

— Le Major Haddock ? Vous voulez dire le Major Jack Haddock ?

— Oui, Monsieur. »

Au moment où il prononça le nom de cet homme, je remarquai qu'un léger sourire sarcastique affecta ses narines. Cette expression s'accusait davantage lorsqu'il parlait de Lady Turton. Chaque fois qu'il disait « Madame », il laissait tomber le mot du bout des lèvres comme s'il mordillait un citron avec, dans la voix, une subtile nuance de raillerie.

« Que Monsieur m'excuse, Madame descend à sept heures. Le Major Haddock et les autres aussi. » Il se glissa dans l'entrebâillement de la porte et disparut, laissant flotter derrière lui une vague odeur d'embrocation et de moisi.

Sept heures venaient de sonner quand j'entrai dans le grand salon où Lady Turton, plus belle que jamais, se leva pour m'accueillir.

« Je n'étais pas du tout certaine que vous viendriez, dit-elle de cette curieuse voix chantante. Rappelez-moi votre nom, je vous prie.

— Je crains d'avoir été impoli en vous prenant au mot, Lady Turton. J'espère que cela ne vous dérange pas.

"Why not?" she said. "There's forty-seven bed-rooms in the house. This is my husband."

A small man came around the back of her and said, "You know, I'm so glad you were able to come." He had a lovely warm smile and when he took my hand I felt instantly a touch of friendship in his fingers.

"And Carmen La Rosa," Lady Turton said.

This was a powerfully built woman who looked as though she might have something to do with horses. She nodded at me, and although my hand was already half-way out she didn't give me hers, thus forcing me to convert the movement into a noseblow.

"You have a cold?" she said. "I'm sorry."

I did not like Miss Carmen La Rosa.

"And this is Jack Haddock."

I knew this man slightly. He was a director of companies (whatever that may mean), and a well-known member of society. I had used his name a few times in my column, but I had never liked him, and this I think was mainly because I have a deep suspicion of all people who carry their military titles back with them into private life – especially majors and colonels. Standing there in his dinner-jacket with his full-blooded animal face and black eyebrows and large white teeth, he looked so handsome there was almost something indecent about it.

— Mais, pourquoi ? Il y a quarante-sept chambres à coucher ici. Je vous présente mon mari. »

Derrière elle, surgit un petit homme. « Je suis si content que vous ayez pu venir », dit-il avec un sourire chaleureux. Et quand il me serra la main, je sentis immédiatement un courant de sympathie passer à travers ses doigts.

« Et voici Carmen La Rosa », fit Lady Turton.

Une femme solidement bâtie – on l'imaginait mieux en la compagnie des chevaux – me salua d'un signe de tête. Elle ignora la main que j'avais commencé pourtant à tendre vers elle, m'obligeant à couvrir mon embarras en me mouchant.

« Vous êtes enrhumé ? Je suis désolée », dit-elle.

Miss Carmen La Rosa me déplut souverainement.

« Et Jack Haddock. »

Je connaissais vaguement cet homme. Administrateur de différentes firmes – qu'est-ce que ça veut dire au juste ? – et membre en vue de la bonne société, j'avais parfois mentionné son nom dans mes papiers, mais il ne m'était pas sympathique, très probablement, je pense, en raison de la profonde méfiance que m'inspirent tous ceux qui arborent dans le civil leurs titres militaires, surtout les majors et les colonels. Planté là dans son smoking, le visage haut en couleur et sensuel, barré de sourcils noirs, les dents solides et blanches, il était beau à en être indécent.

He had a way of raising his upper lip when he smiled, baring the teeth, and he was smiling now as he gave me a hairy brown hand.

"I hope you're going to say some nice things about us in your column."

"He better had," Lady Turton said, "or I'll say some nasty ones about him on my front page."

I laughed, but the three of them, Lady Turton, Major Haddock, and Carmen La Rosa had already turned away and were settling themselves back on the sofa. Jelks gave me a drink, and Sir Basil drew me gently aside for a quiet chat at the other end of the room. Every now and again Lady Turton would call her husband to fetch her something – another Martini, a cigarette, an ashtray, a hand-kerchief – and he, half rising from his chair, would be forestalled by the watchful Jelks who fetched it for him.

Clearly, Jelks loved his master; and just as clearly he hated the wife. Each time he did some-thing for her he made a little sneer with his nose and drew his lips together so they puckered like a turkey's bottom.

At dinner, our hostess sat her two friends, Had-dock and La Rosa, on either side of her.

Il avait une manière bien à lui de relever la lèvre lorsqu'il souriait, découvrant toutes ses dents. C'est ce qu'il fit en me tendant une main hâlée, couverte de poils.

« J'espère que vous n'aurez que des choses aimables à raconter sur nous dans votre journal.

— Je le lui conseille, s'il ne veut pas que j'en dise de désagréables sur lui en première page du mien », dit Lady Turton.

Je ris, mais tous les trois, Lady Turton, le Major Haddock et Carmen La Rosa, m'avaient déjà tourné le dos pour se rasseoir sur le canapé. Jelks m'apporta un verre et Sir Basil m'entraîna de l'autre côté de la pièce pour bavarder tranquillement. À tout moment, Lady Turton dérangeait son mari pour lui demander quelque chose : un autre Martini, une cigarette, un cendrier, un mouchoir. Il faisait mine de se lever, mais le fidèle Jelks le devançait.

Il était évident que Jelks adorait son maître, autant qu'il haïssait Lady Turton. Chaque fois qu'il lui rendait un menu service, son visage prenait une expression dédaigneuse, le nez pincé et la bouche en cul-de-poule[1].

Au dîner, la maîtresse de maison plaça ses amis Haddock et La Rosa à ses côtés.

---

1. *Turkey* : dinde.

This unconventional arrangement left Sir Basil and me at the other end of the table where we were able to continue our pleasant talk about painting and sculpture. Of course it was obvious to me by now that the Major was infatuated with her ladyship. And again, although I hate to say it, it seemed as though the La Rosa woman was hunting the same bird.

All this foolishness appeared to delight the hostess. But it did not delight her husband. I could see that he was conscious of the little scene all the time we were talking; and often his mind would wander from our subject and he would stop short in mid-sentence, his eyes travelling down to the other end of the table to settle pathetically for a moment on that lovely head with the black hair and the curiously flaring nostrils. He must have noticed then how exhilarated she was, how the hand that gestured as she spoke rested every now and again on the Major's arm, and how the other woman, the one who perhaps had something to do with horses, kept saying, "Nata-*li*-a! Now Nata-*li*-a, listen to me!"

"Tomorrow," I said, "you must take me round and show me the sculptures you've put up in the garden."

"Of course," he said, "with pleasure." He glanced again at the wife,

Cette façon de faire, contraire aux usages, nous laissa, Sir Basil et moi, à l'autre bout de la table, nous offrant tout le loisir de poursuivre notre agréable conversation sur la peinture et la sculpture. Que le Major Haddock fût épris de la séduisante lady, cela me sautait à présent aux yeux. Et même si je répugne à ce genre d'insinuations, il n'était pas moins évident que notre Miss La Rosa chassait le même gibier.

Ces joutes enchantaient la maîtresse de maison, mais elles n'étaient point du goût de son époux. Pendant nos échanges, je vis qu'aucun détail de la comédie galante qui se donnait à l'autre bout de la table ne lui échappait et souvent son esprit perdait le fil de la conversation. Il s'arrêtait alors au beau milieu d'une phrase. Son regard se portait de l'autre côté de la table et se posait avec une expression douloureuse sur le ravissant visage aux curieuses narines palpitantes, couronné de cheveux noirs. Certainement avait-il remarqué combien Lady Turton était aux anges et comment sa main, qui s'agitait alors qu'elle parlait, se posait à intervalles réguliers sur le bras du Major, cependant que l'autre – la dame aux chevaux – répétait inlassablement : « Nata-*li*-a ! Écoutez-moi, Nata-*li*-a ! »

« Demain, dis-je, il faut que vous me montriez les sculptures de votre jardin.

— Mais, très volontiers, avec plaisir », répondit Sir Basil. Il eut un nouveau regard pour sa femme,

and his eyes had a sort of supplicating look that was piteous beyond words. He was so mild and passive a man in every way that even now I could see there was no anger in him, no danger, no chance of an explosion.

After dinner I was ordered straight to the card table to partner Miss Carmen La Rosa against Major Haddock and Lady Turton. Sir Basil sat quietly on the sofa with a book.

There was nothing unusual about the game itself; it was routine and rather dull. But Jelks was a nuisance. All evening he prowled around us, emptying ashtrays and asking about drinks and peering at our hands. He was obviously shortsighted and I doubt whether he saw much of what was going on because as you may or may not know, here in England no butler has ever been permitted to wear spectacles – nor, for that matter, a moustache. This is the golden, unbreakable rule, and a very sensible one it is too, although I'm not quite sure what lies behind it. I presume that a moustache would make him look too much like a gentleman, and spectacles too much like an American, and where would we be then I should like to know? In any event Jelks was a nuisance all evening; and so was Lady Turton who was constantly being called to the phone on newspaper business.

At eleven o'clock she looked up from her cards and said, "Basil, it's time you went to bed."

un regard suppliant, infiniment pitoyable. C'était en tout point un homme doux, de nature si conciliante, qu'aujourd'hui encore je sais avec certitude qu'il n'éprouvait nulle colère, nulle détresse et qu'il était incapable de provoquer un esclandre.

Après le dîner, on me signifia de passer directement à la table de bridge pour faire équipe avec Carmen La Rosa contre Lady Turton et le Major Haddock, cependant que Sir Basil s'installait tranquillement sur un sofa avec un livre.

La partie fut sans histoire, selon les usages, et plutôt languissante, mais Jelks se montra pénible. Toute la soirée il rôda autour de la table, vidant les cendriers, offrant des rafraîchissements et louchant sur nos mains. Il était manifestement myope et je doute qu'il pût suivre grand-chose. Or, j'ignore si vous le savez ou non, mais il a toujours été interdit à un majordome anglais de porter des lunettes, pas plus, d'ailleurs, que des moustaches. C'est une règle d'or, intangible, sans doute très sensée, encore que je serais bien incapable de l'expliquer. Je présume qu'une moustache le ferait par trop ressembler à un gentleman et des lunettes à un Américain. Et où irions-nous, alors, je me le demande? Mais, ce que je sais, c'est que Jelks fut parfaitement exaspérant tout au long de la soirée, autant que Lady Turton, constamment appelée au téléphone pour affaires.

À onze heures, elle leva les yeux de son jeu de cartes et dit: « Basil, il est temps d'aller vous coucher.

"Yes, my dear, perhaps it is." He closed the book, got up, and stood for a minute watching the play. "Are you having a good game?" he asked.

The others didn't answer him, so I said, "It's a nice game."

"I'm so glad. And Jelks will look after you and get anything you want."

"Jelks can go to bed too," the wife said.

I could hear Major Haddock breathing through his nose beside me, and the soft drop of the cards one by one on to the table, and then the sound of Jelks's feet shuffling over the carpet towards us.

"You wouldn't prefer me to stay, m'lady?"

"No. Go to bed. You too, Basil."

"Yes, my dear. Good night. Good night all."

Jelks opened the door for him, and he went slowly out followed by the butler.

As soon as the next rubber was over, I said that I too wanted to go to bed.

"All right," Lady Turton said. "Good night."

I went up to my room, locked the door, took a pill, and went to sleep.

The next morning, Sunday, I got up and dressed around ten o'clock and went down to the breakfast-room. Sir Basil was there before me, and Jelks was serving him with grilled kidneys and bacon and fried tomatoes. He was delighted to see me and suggested that as soon as we had finished eating we should take a long walk around the grounds. I told him nothing would give me more pleasure.

— Oui, ma chère, sans doute. » Fermant son livre, il se leva et vint suivre le jeu pendant quelques instants. « Bonne partie ? » demanda-t-il.

Personne ne soufflant mot, je répondis : « Très agréable.

— J'en suis ravi. Jelks s'occupera de vous, demandez-lui tout ce dont vous aurez besoin.

— Jelks peut aller se coucher, lui aussi », intervint sa femme.

J'entendais à mes côtés le Major Haddock qui respirait par le nez, le bruit amorti des cartes tombant une à une sur la table et les pas traînants de Jelks sur le tapis, qui venait à nous.

« Madame ne désire vraiment pas que je reste ?

— Non, allez vous coucher. Vous aussi, Basil.

— Bonsoir, ma chère, bonsoir tous. »

Jelks lui ouvrit la porte et Sir Basil sortit lentement, suivi du majordome.

Sitôt le robre suivant terminé, je signalai que je souhaitais, moi aussi, aller me coucher.

« Très bien, dit Lady Turton. Bonne nuit. »

Je montai dans ma chambre, fermai la porte à clé. Puis je pris un comprimé et m'endormis.

Le lendemain, dimanche, levé et habillé vers dix heures, je pris le chemin de la salle du petit déjeuner. Sir Basil était déjà attablé, servi par Jelks : rognons, bacon et tomates grillées. Ravi de me revoir, Sir Basil me proposa une longue visite du domaine dès que nous aurions terminé de manger. Je lui répondis que rien ne pouvait me faire plus plaisir.

Half an hour later we started out, and you've no idea what a relief it was to get away from that house and into the open air. It was one of those warm shining days that come occasionally in midwinter after a night of heavy rain, with a bright surprising sun and no breath of wind. Bare trees seemed beautiful in the sunlight, water still dripping from the branches, and wet places all around were sparkling with diamonds. The sky had small faint clouds.

"*What* a lovely day!"

"Yes – isn't it a lovely day!"

We spoke hardly another word during the walk; it wasn't necessary. But he took me everywhere and I saw it all – the huge chess-men and all the rest of the topiary. The elaborate garden houses, the pools, the fountains, the children's maze whose hedges were hornbeam and lime so that it was only good in summer when the leaves were out, and the parterres, the rockeries, the greenhouses with their vines and nectarine trees. And of course, the sculpture. Most of the contemporary European sculptors were there, in bronze, granite, limestone, and wood; and although it was a pleasure to see them warming and glowing in the sun, to me they still looked a trifle out of place in these vast formal surroundings.

Une demi-heure après, nous sortions, et vous ne pouvez imaginer le soulagement que j'éprouvais à m'échapper de la maison et à me retrouver à l'air pur. C'était une journée claire, douce, comme il y en a parfois au milieu de l'hiver après une nuit de pluie torrentielle, avec un soleil qui brillait d'un éclat étonnant et sans un souffle de vent. Les arbres nus resplendissaient dans la lumière du soleil, des gouttes se détachaient des branches et partout des flaques d'eau scintillaient comme des diamants. De pâles petits nuages passaient dans le ciel.

« Quel temps magnifique !

— Oui, il fait vraiment très beau. »

Pendant la promenade, nous échangeâmes à peine quelques mots de plus, c'était inutile. Il me conduisit partout et je vis tout en détail. Les ifs géants du jeu d'échecs et le reste de la topiaire, les pavillons richement ornés, les étangs, les fontaines, le labyrinthe pour les enfants, fonctionnel seulement en été alors que les haies de charmes et de citronniers sont couvertes de feuilles ; les parterres et les rocailles ; les serres pleines de vignes et de brugnons, et, bien entendu, les sculptures. La plupart des artistes contemporains d'Europe étaient représentés par des œuvres en bronze, en granite, en calcaire ou en bois. Mais bien que ce fût un bonheur de les voir réchauffées, resplendissantes sous les rayons du soleil, je persistais à les trouver un rien insolites dans ce vaste cadre solennel.

"Shall we rest here now a little while?" Sir Basil said after we had walked for more than an hour. So we sat down on a white bench beside a water-lily pond full of carp and goldfish, and lit cigarettes. We were some way from the house, on a piece of ground that was raised above its surroundings, and from where we sat the gardens were spread out below us like a drawing in one of those old books on garden architecture, with the hedges and lawns and terraces and fountains making a pretty pattern of squares and rings.

"My father bought this place just before I was born," Sir Basil said. "I've lived here ever since, and I know every inch of it. Each day I grow to love it more."

"It must be wonderful in summer."

"Oh, but it is. You should come down and see it in May and June. Will you promise to do that?"

"Of course," I said. "I'd love to come," and as I spoke I was watching the figure of a woman dressed in red moving among the flower-beds in the far distance. I saw her cross over a wide expanse of lawn, and there was a lilt in her walk, a little shadow attending her, and when she was over the lawn,

« Nous pourrions nous reposer ici un moment ? »
proposa Sir Basil alors que nous avions marché
plus d'une heure. Nous prîmes place sur un banc
de couleur blanche, auprès d'un bassin couvert de
nénuphars où nageaient de nombreux poissons
rouges et des carpes. Nous allumâmes tous deux
une cigarette. Nous nous trouvions assez loin de la
maison, sur une petite éminence. De cet endroit
où nous étions assis, les jardins se déroulaient en
contrebas comme sur ces gravures que l'on trouve
dans les livres anciens sur l'architecture paysagère,
les haies, les pelouses, les terrasses et les bassins
composant un magnifique entrelacs de motifs car-
rés et circulaires.

« Mon père a fait l'acquisition de ce domaine
peu avant ma naissance, dit Sir Basil, j'y ai toujours
vécu, j'en connais le moindre recoin, et je m'y
attache chaque jour davantage.

— En été, cela doit être magnifique.

— Oh ! Absolument magnifique. Il faut que
vous reveniez en mai ou en juin. Promettez-moi
d'y penser.

— Je vous le promets. Au demeurant, rien ne
saurait m'être plus agréable. » Tout en parlant,
j'observais la silhouette d'une femme vêtue de
rouge qui se faufilait, au loin, à travers les plates-
bandes de fleurs. Je la vis traverser une large
pelouse. Sa démarche était cadencée, son ombre
se profilait derrière elle. Quand elle arriva de
l'autre côté,

she turned left and went along one side of a high wall of clipped yew until she came to another smaller lawn that was circular and had in its centre a piece of sculpture.

"This garden is younger than the house," Sir Basil said. "It was laid out early in the eighteenth century by a Frenchman called Beaumont, the same fellow who did Levens, in Westmorland. For at least a year he had two hundred and fifty men working on it."

The woman in the red dress had been joined now by a man, and they were standing face to face, about a yard apart, in the very centre of the whole garden panorama, on this little circular patch of lawn, apparently conversing. The man had some small black object in his hand.

"If you're interested, I'll show you the bills that Beaumont put in to the old Duke while he was making it."

"I'd like very much to see them. They must be fascinating."

"He paid his labourers a shilling a day and they worked ten hours."

In the clear sunlight it was not difficult to follow the movements and gestures of the two figures on the lawn.

elle tourna à gauche et suivit une haute allée d'ifs taillés jusqu'à une autre pelouse de plus petite taille, circulaire, avec, au centre, une statue.

« Le jardin est plus récent que la maison, m'expliqua Sir Basil. C'est un Français, un certain Beaumont, qui l'a dessiné au début du XVIIIe. Il avait également dessiné Levens, dans le Westmorland[1]. Deux cent cinquante hommes y ont travaillé durant une année entière au moins. »

Un homme avait maintenant rejoint la silhouette en robe rouge. Ils se tenaient face à face, à un mètre[2] l'un de l'autre, au centre du vaste panorama, sur cette petite pelouse circulaire ; ils semblaient converser. L'homme tenait à la main un petit objet de couleur noire.

« Si cela vous intéresse, je pourrai vous montrer les factures que Beaumont présenta au vieux Duc pendant qu'il faisait faire les jardins.

— J'aimerais beaucoup les voir, cela doit être fort intéressant.

— Il payait ses hommes à raison d'un shilling par jour, pour des journées de dix heures. »

La luminosité du soleil permettait de suivre aisément les mouvements et les gestes des deux silhouettes sur la pelouse.

---

1. Les jardins de Levens Hall, manoir élisabéthain situé à une centaine de kilomètres au nord de Manchester, furent dessinés par Guillaume Beaumont, jardinier du roi Jacques II. Ils mettent à l'honneur l'art topiaire avec des ifs et des buis d'une taille remarquable.

2. *Yard* : 0,91 cm.

They had turned now towards the piece of sculpture, and were pointing at it in a sort of mocking way, apparently laughing and making jokes about its shape. I recognized it as being one of the Henry Moores, done in wood, a thin smooth object of singular beauty that had two or three holes in it and a number of strange limbs protruding.

"When Beaumont planted the yew trees for the chess-men and the other things, he knew they wouldn't amount to much for at least a hundred years. We don't seem to possess that sort of patience in our planning these days, do we? What do you think?"

"No," I said, "We don't."

The black object in the man's hand turned out to be a camera, and now he had stepped back and was taking pictures of the woman beside the Henry Moore. She was striking a number of different poses, all of them, so far as I could see, ludicrous and meant to be amusing. Once she put her arms around one of the protruding wooden limbs and hugged it, and another time she climbed up and sat side-saddle on the thing, holding imaginary reins in her hands. A great wall of yew hid these two people from the house, and indeed from all the rest of the garden except the little hill on which we sat.

Elles s'étaient tournées vers la sculpture, la montraient du doigt comme pour s'en moquer, riant et échangeant certainement des plaisanteries au sujet de sa forme. Je l'identifiai comme un Henry Moore, objet fin sculpté dans du bois, d'une singulière beauté, qui présentait deux ou trois ouvertures et d'étranges protubérances.

« Quand Beaumont décida la plantation des ifs, en vue du jeu d'échecs et du reste, il savait qu'un siècle s'écoulerait avant qu'ils ne présentent leur forme définitive. On n'a plus ce genre de patience dans nos plans de travail, de nos jours. Qu'en pensez-vous ?

— Certes pas », dis-je.

L'objet noir que l'homme tenait à la main était tout simplement un appareil photographique. Ayant reculé de quelques pas, il prenait des photographies de la dame en rouge aux côtés de la sculpture de Moore, dans des poses différentes qui, autant que j'en pouvais juger, se voulaient toutes grotesques et comiques ; tantôt elle entourait tendrement de ses bras l'une des protubérances de bois de la sculpture, tantôt elle s'installait dessus en amazone, tenant des rênes imaginaires. Ni l'un ni l'autre n'étaient visibles de la maison en raison de la présence de la haute haie d'ifs et, en fait, ils ne l'étaient pas non plus du reste du jardin, à l'exception de l'éminence où nous étions assis.

They had every right to believe that they were not overlooked, and even if they had happened to glance our way – which was into the sun – I doubt whether they would have noticed the two small motionless figures sitting on the bench beside the pond.

"You know, I love these yews," Sir Basil said. "The colour of them is so wonderful in a garden because it rests the eye. And in the summer it breaks up the areas of brilliance into little patches and makes them more comfortable to admire. Have you noticed the different shades of green on the planes and facets of each clipped tree?"

"It's lovely, isn't it."

The man now seemed to be explaining something to the woman, and pointing at the Henry Moore, and I could tell by the way they threw back their heads that they were laughing again. The man continued to point, and then the woman walked around the back of the wood carving, bent down and poked her head through one of its holes. The thing was about the size, shall I say, of a small horse, but thinner than that, and from where I sat I could see both sides of it – to the left, the woman's body, to the right, her head protruding through.

Ils étaient parfaitement fondés à penser que personne ne pouvait les voir et eussent-ils, par hasard, tourné la tête vers nous, je doute qu'ils eussent pu discerner, à contre-jour, les petites silhouettes assises sur un banc près du bassin aux nénuphars.

« J'adore ces ifs taillés, vous savez, me dit Sir Basil. Si leur couleur est à ce point merveilleuse, c'est parce qu'elle est reposante pour l'œil. Et puis, l'été, elle tranche avec l'éclat des étendues autour, constituant de petites taches et rendant ces dernières plus douces à contempler. Avez-vous remarqué les nuances de verts sur les facettes et les plans de chaque arbre taillé ?

— C'est magnifique ! »

L'homme semblait expliquer quelque chose à la femme, en montrant du doigt le Henry Moore. À la façon qu'ils avaient de rejeter la tête en arrière, je devinais qu'ils riaient à nouveau aux éclats. L'homme avait toujours le doigt pointé vers la sculpture. Puis la femme fit le tour de la pièce de bois[1], se pencha et passa sa tête dans une des ouvertures. La sculpture était à peu près, je dirais, de la taille d'un petit cheval, mais plus mince. Et de l'endroit où je me trouvais, j'en apercevais les deux faces, à gauche, le corps de la femme, à droite, sa tête qui sortait de l'ouverture.

---

1. *Carving*: sculpture.

It was very much like one of those jokes at the sea-side where you put your head through a hole in a board and get photographed as a fat lady. The man was photographing her now.

"There's another thing about yews," Sir Basil said. "In the early summer when the young shoots come out..." At that moment he paused and sat up straighter and leaned slightly forward, and I could sense his whole body suddenly stiffening.

"Yes," I said, "when the young shoots come out?"

The man had taken the photograph, but the woman still had her head through the hole, and now I saw him put both hands (as well as the camera) behind his back and advance towards her. Then he bent forward so his face was close to her, touching it, and he held it there while he gave her, I suppose, a few kisses or something like that. In the stillness that followed, I fancied I heard a faint faraway tinkle of female laughter coming to us through the sunlight across the garden.

"Shall we go back to the house?" I asked.

"Back to the house?"

"Yes, shall we go back and have a drink before lunch?"

"A drink? Yes, we'll have a drink." But he didn't move. He sat very still,

C'était un peu comme ces blagues de bords de mer où, grâce à un panneau percé d'un trou dans lequel vous passez la tête, on vous photographie avec le corps d'une grosse dame. L'homme était en train de prendre la femme en photo.

« Autre chose à propos des ifs. Au début du printemps, lorsque les jeunes pousses commencent à pointer... » À ce moment-là, Sir Basil s'interrompit, se redressa, se pencha légèrement en avant, et je sentis chez lui un raidissement de tout son être.

« Vous disiez que lorsque sortent les jeunes pousses... ? »

L'homme avait pris la photo mais la femme avait toujours la tête dans l'ouverture. Et alors, je le vis, les mains et l'appareil dans le dos, s'avancer vers elle et se baisser jusqu'à ce que son visage vînt toucher le sien. Il resta dans cette position et ils échangèrent des baisers, des caresses, sans doute. Dans le silence qui suivit, je crus entendre, comme porté par un rayon de soleil, un rire de femme, lointain et léger comme un grelot.

« Voulez-vous que nous retournions à la maison ? proposai-je.

— À la maison ?

— Oui, nous pourrions rentrer et prendre un verre tranquillement en attendant l'heure du déjeuner.

— Un verre ? Oui, nous pourrions prendre un verre. » Mais il ne bougea pas. Parfaitement immobile,

gone far away from me now, staring intently at the two figures. I also was staring at them. I couldn't take my eyes away; I *had* to look. It was like seeing a dangerous little ballet in miniature from a great distance, and you knew the dancers and the music but not the end of the story, not the choreography, nor what they were going to do next, and you were fascinated, and you *had* to look.

"Gaudier-Brzeska," I said. "How great do you think he might've become if he hadn't died so young?"

"Who?"

"Gaudier-Brzeska."

"Yes," he said. "Of course."

I noticed now that something queer was happening. The woman still had her head through the hole, but she was beginning to wriggle her body from side to side in a slow unusual manner, and the man was standing motionless, a pace or so away, watching her. He seemed suddenly uneasy the way he stood there, and I could tell by the drop of the head and by the stiff intent set of the body that there was no laughter in him any more. For a while he remained still, then I saw him place his camera on the ground and go forward to the woman, taking her head in his hands;

il était loin de moi à présent et fixait intensément les deux silhouettes. Moi de même. Impossible d'en détacher mon regard ; je ne pouvais pas ne pas regarder. C'était une impression curieuse, celle de suivre, dans le lointain, un ballet miniature, un ballet dangereux dont on connaît les danseurs et la musique, mais pas la fin de l'histoire ni la chorégraphie, non plus que la figure suivante. On est comme envoûté. On ne peut pas ne pas regarder.

« Et Gaudier-Brzeska, dis-je, d'après vous, jusqu'où serait-il allé s'il n'était pas mort si jeune ?

— Qui cela ?

— Gaudier-Brzeska.

— Ah ! oui. Bien sûr. »

Je remarquai alors qu'il se passait quelque chose de curieux. La femme avait toujours la tête dans l'ouverture mais elle se mettait à se tortiller d'un côté et de l'autre, d'un mouvement lent et inattendu. À quelques pas d'elle, à présent, l'homme, immobile, l'observait. Il était planté là, visiblement mal à l'aise et, de la façon dont il penchait la tête, tout le corps contracté, je pouvais me rendre compte qu'il n'avait plus du tout envie de rire. Il resta immobile un moment encore puis je le vis poser son appareil sur le sol, s'avancer vers la femme et lui prendre la tête entre ses mains.

and all at once it was more like a puppet show than a ballet, with tiny wooden figures performing tiny jerky movements, crazy and unreal, on a faraway sunlit stage.

We sat quietly together on the white bench, and we watched while the tiny puppet man began to manipulate the woman's head with his hands. He was doing it gently, there was no doubt about that, slowly and gently, stepping back every now and then to think about it some more, and several times crouching down to survey the situation from another angle. Whenever he left her alone the woman would again start to wriggle her body, and the peculiar way she did it reminded me of a dog that feels a collar round its neck for the first time.

"She's stuck," Sir Basil said.

And now the man was walking to the other side of the carving, the side where the woman's body was, and he put out his hands and began trying to do something with her neck. Then, as though suddenly exasperated, he gave the neck two or three quick jerky pulls, and this time the sound of the woman's voice, raised high in anger, or pain, or both, came back to us small and clear through the sunlight.

Alors, aussitôt la scène changea ; ce n'était plus un ballet, mais un spectacle de marionnettes ; de minuscules poupées de bois exécutaient d'étranges petits mouvements saccadés, frénétiques et irréels, très loin, là-bas, sur une scène baignée de soleil.

Assis, muets, l'un près de l'autre, sur le banc blanc près de l'étang, nous regardions la petite marionnette mâle qui commença à manipuler la tête de sa compagne à deux mains. Il procédait avec douceur, sans aucun doute, lentement et avec douceur, reculait de temps en temps pour réfléchir à nouveau, s'accroupissant à plusieurs reprises pour observer la situation d'un autre angle. Chaque fois qu'il la lâchait, la femme recommençait à se tortiller et sa manière de faire me rappela celle d'un chien qui sent le collier autour de son cou pour la première fois.

« Sa tête est coincée », dit Sir Basil.

L'homme passait à présent de l'autre côté de la sculpture, celui où se trouvait le corps de la femme. Il tendit les mains et tenta une manœuvre au niveau du cou. Alors, comme brusquement pris de rage, il se laissa aller à deux ou trois rapides secousses saccadées et, cette fois, ce fut chez la femme un cri de douleur ou de colère – les deux, peut-être – qui nous parvint, clair et atténué, à travers le matin ensoleillé.

Out of the corner of one eye I could see Sir Basil nodding his head quietly up and down. "I got my fist caught in a jar of boiled sweets once," he said, "and I couldn't get it out."

The man had retreated a few yards, and was standing with hands on hips, head up, looking furious and sullen. The woman, from her uncomfortable position, appeared to be talking to him, or rather shouting at him, and although the body itself was pretty firmly fixed and could only wriggle, the legs were free and did a good deal of moving and stamping.

"I broke the jar with a hammer and told my mother I'd knocked it off the shelf by mistake." He seemed calmer now, not tense at all, although his voice was curiously flat. "I suppose we'd better go down and see if we can help."

"Perhaps we should."

But still he didn't move. He took out a cigarette and lit it, putting the used match carefully back in the box.

"I'm sorry," he said. "Will you have one?"

"Thanks, I think I will." He made a little ceremony of giving me the cigarette and lighting it for me, and again he put the used match back in the box. Then we got up and walked slowly down the grass slope.

Du coin de l'œil, je voyais Sir Basil hocher tranquillement la tête : « J'ai eu la main[1] prise, autrefois, dans un bocal de bonbons. Je ne pouvais plus l'en sortir. »

L'homme avait reculé de quelques mètres, les mains sur les hanches, la tête haute, l'air furieux et sombre. Dans sa position inconfortable, la femme lui parlait, non, l'invectivait plutôt, et, bien que son corps fût solidement maintenu et ne lui permît guère que de continuer à se tortiller, les jambes, demeurées libres, s'agitaient et trépignaient rageusement.

« J'ai dû briser le pot avec un marteau et j'ai raconté à ma mère que je l'avais fait tomber de l'étagère sans le faire exprès... » Il paraissait beaucoup plus calme, sans la moindre tension, la voix étrangement atone. « Je pense que nous ferions bien d'aller voir si nous pouvons les aider.

— Cela vaudrait mieux. »

Mais il ne bougea pas. Il prit une cigarette, l'alluma et remit précautionneusement l'allumette consumée dans la boîte.

« Oh ! Je vous demande pardon, fit-il, en voulez-vous une ?

— Oui, merci, avec plaisir. » Il prit tout son temps pour me l'offrir cérémonieusement, me donner du feu, et remettre encore l'allumette consumée dans sa boîte. Après quoi, nous nous levâmes et nous descendîmes lentement la pente du gazon.

---

1. *Fist* : poing.

We came upon them silently, through an archway in the yew hedge, and it was naturally quite a surprise.

"What's the matter here?" Sir Basil asked. He spoke softly, with a dangerous softness that I'm sure his wife had never heard before.

"She's gone and put her head through the hole and now she can't get it out," Major Haddock said. "Just for a lark, you know."

"For a what?"

"Basil!" Lady Turton shouted. "Don't be such a damn fool! Do something, can't you!" She may not have been able to move much, but she could still talk.

"Pretty obvious we're going to have to break up this lump of wood," the Major said. There was a small smudge of red on his grey moustache, and this, like the single extra touch of colour that ruins a perfect painting, managed somehow to destroy all his manly looks. It made him comic.

"You mean break the Henry Moore?"

"My dear sir, there's no other way of setting the lady free. God knows how she managed to squeeze it in, but I know for a fact that she can't pull it out. It's the ears get in the way".

"Oh dear," Sir Basil said. "What a terrible pity. My beautiful Henry Moore."

Nous arrivâmes à leur niveau sans bruit, en passant par une ouverture voûtée dans la haie, et notre arrivée ne manqua pas de les surprendre.

« Que se passe-t-il ? » demanda Sir Basil. Il parlait d'une voix douce, douce et menaçante, que sa femme, j'en suis certain, entendait pour la première fois.

« Elle a voulu passer la tête à travers cette ouverture et elle ne peut plus la retirer, dit le Major Haddock. C'était pour s'amuser, évidemment.

— Pour quoi ?

— Basil, cria à tue-tête Lady Turton. Ne faites donc pas l'idiot ! Agissez, bon sang ! » Elle avait le corps pris dans un carcan, mais sa langue ne l'était certes pas.

« Il me paraît évident qu'il va falloir casser ce morceau de bois », fit le Major. Il y avait une légère trace de rouge à lèvres sur sa moustache grise. Et tout comme pour un tableau parfait qu'une seule touche de couleur superflue suffit à gâcher, il ne restait rien de la mâle beauté du Major. Il était ridicule.

« Quoi ? Briser le Henry Moore ?

— Mon cher, il n'y a pas moyen de faire autrement pour libérer Madame. J'ignore comment elle a réussi à entrer sa tête là-dedans, mais je peux vous assurer qu'elle ne peut plus l'en sortir, ce sont les oreilles qui gênent le passage.

— Mon Dieu ! fit Sir Basil. Quel malheur ! Mon admirable Henry Moore... »

At this stage Lady Turton began abusing her husband in a most unpleasant manner, and there's no knowing how long it would have gone on had not Jelks suddenly appeared out of the shadows. He came sidling silently on to the lawn and stationed himself at a respectful distance from Sir Basil, as though awaiting instructions. His black clothes looked perfectly ridiculous in the morning sunlight, and with his ancient pink-white face and white hands he was like some small crabby animal that has lived all its life in a hole under the ground.

"Is there anything I can do, Sir Basil?" He kept his voice level, but I didn't think his face was quite straight. When he looked at Lady Turton there was a little exulting glimmer in his eyes.

"Yes Jelks, there is. Go back and get me a saw or something so I can cut out a section of this wood."

"Shall I call one of the men, Sir Basil? William is a good carpenter."

"No, I'll do it myself. Just get the tools – and hurry."

While they were waiting for Jelks, I strolled away because I didn't want to hear any more of the things that Lady Turton was saying to her husband. But I was back in time to see the butler returning, followed now by the other woman, Carmen La Rosa, who made a rush for the hostess.

"Nata-*li*-a! My dear Nata-*li*-a! What *have* they done to you?"

À ce moment-là, Lady Turton se mit à injurier son mari de la manière la plus désobligeante qui soit. Qui sait jusqu'où elle fût allée si Jelks n'était brusquement sorti de l'ombre. Il glissa sans bruit sur l'herbe et s'arrêta à une distance respectueuse de Sir Basil, attendant ses ordres. Dans l'éclat du soleil matinal, sa jaquette noire semblait grotesque. Avec sa figure vieillotte, rose et blanche, ses mains pâles, il faisait penser à l'un de ces bizarres crustacés qui aurait passé sa vie entière dans une cavité du sol.

« Monsieur a-t-il besoin de mes services ? » Il parla d'une voix égale, mais je ne crois pas que son regard était très sincère. Une légère jubilation brillait dans ses yeux lorsqu'il les posait sur Lady Turton.

« Certainement, Jelks. Allez me chercher une scie, ou un outil du même genre. Il faut que je coupe une partie de cette sculpture.

— Monsieur veut-il que je fasse venir un des hommes ? William est un habile menuisier.

— Non, je m'en occuperai moi-même. Allez me chercher les outils et faites vite. »

Tandis qu'ils attendaient le retour de Jelks, je m'éloignai de quelques pas, peu soucieux d'entendre Lady Turton insulter son époux. Mais je revins à temps pour assister au retour du majordome, suivi de l'autre femme, Carmen La Rosa, qui se précipita vers la maîtresse de maison :

« Nata-*li*-a ! Nata-*li*-a ! Ma chérie ! Mais qu'est-ce qu'on vous a fait ?

"Oh shut up," the hostess said. "And get out of the way, will you."

Sir Basil took up a position close to his lady's head, waiting for Jelks. Jelks advanced slowly, carrying a saw in one hand, an axe in the other, and he stopped maybe a yard away. He then held out both implements in front of him so his master could choose, and there was a brief moment – no more than two or three seconds – of silence, and of waiting, and it just happened that I was watching Jelks at this time. I saw the hand that was carrying the axe come forward an extra fraction of an inch towards Sir Basil. It was so slight a movement it was barely noticeable – a tiny pushing forward of the hand, slow and secret, a little offer, a little coaxing offer that was accompanied perhaps by an infinitesimal lift of the eyebrows.

I'm not sure whether Sir Basil saw it, but he hesitated, and again the hand that held the axe came edging forward, and it was almost exactly like that card trick where the man says "Take one, whichever one you want," and you always get the one he means you to have. Sir Basil got the axe. I saw him reach out in a dreamy sort of way, accepting it from Jelks, and then, the instant he felt the handle in his grasp he seemed to realize what was required of him and he sprang to life.

— Taisez-vous donc! coupa Lady Turton, et
ôtez-vous du milieu! »

Debout près de la tête de son épouse, Sir Basil se
mit en position, attendant Jelks. Celui-ci s'avança
lentement, une scie dans une main, une hache
dans l'autre, s'arrêtant peut-être à un mètre. Il
présenta les deux instruments à son maître pour
lui permettre de choisir. Il y eut un bref instant,
deux ou trois secondes à peine, pas plus, de silence
et d'attente. À ce moment-là, je regardais Jelks,
par hasard, et je vis la main qui offrait la hache
s'avancer de quelques millimètres[1] à peine vers Sir
Basil. C'était un mouvement si faible qu'il en était
presque imperceptible, une très légère avancée de
la main, lente et discrète, une petite invite, une
invite pressante, accompagnée, me sembla-t-il,
d'un furtif haussement des sourcils.

Sir Basil s'en rendit-il compte? Je ne sais mais il
hésita et, de nouveau, la main qui tenait la hache
s'avança, à peu près comme ces prestidigitateurs
qui vous tendent un paquet de cartes en vous
disant: « Prenez-en une, n'importe laquelle », et
vous saisissez toujours celle qu'ils avaient l'intention de vous faire prendre. Sir Basil prit la hache.
Je le vis l'attraper des mains de Jelks d'un air
rêveur puis, dès qu'il sentit sa prise sur le manche,
il parut comprendre subitement ce qu'on atten-
dait de lui et reprit brusquement ses esprits.

1. *An inch*: un pouce (2,5 cm).

For me, after that, it was like the awful moment when you see a child running out into the road and a car is coming and all you can do is shut your eyes tight and wait until the noise tells you it has happened. The moment of waiting becomes a long lucid period of time with yellow and red spots dancing on a black field, and even if you open your eyes again and find that nobody has been killed or hurt, it makes no difference because so far as you and your stomach were concerned you saw it all.

I saw this one all right, every detail of it, and I didn't open my eyes again until I heard Sir Basil's voice, even softer than usual, calling in gentle protest to the butler.

"Jelks," he was saying, and I looked and saw him standing there as calm as you please, still holding the axe. Lady Turton's head was there too, still sticking through the hole, but her face had turned a terrible ashy grey, and the mouth was opening and shutting and making a kind of gurgling sound.

"Look here, Jelks," Sir Basil was saying. "What on earth are you thinking about. This thing's much too dangerous. Give me the saw." And as he exchanged implements I noticed for the first time two little warm roses of colour appearing on his cheeks, and above them, all around the corners of his eyes, the twinkling tiny wrinkles of a smile.

Ce fut pour moi comme ce moment atroce lorsqu'un enfant traverse une rue en courant devant une voiture qui arrive en trombe. La seule chose à faire est de fermer les yeux de toutes ses forces et d'attendre que le bruit vous apprenne qu'il s'est passé ce qui devait se passer. Cette attente d'un instant se transforme en éternité, une éternité lucide, ponctuée de points rouges et jaunes dansant sur un fond noir. Et même si vous ouvrez les paupières et découvrez qu'il n'y a pas eu de mort ou de blessé, cela ne change rien pour vous, vous n'en avez pas moins l'estomac retourné, vous avez assisté au drame.

Ce drame-là, je le vis bel et bien se dérouler, dans ses moindres détails et je n'ouvris les yeux qu'en entendant Sir Basil, d'une voix plus douce encore qu'à l'habitude, s'adresser à son majordome sur un léger ton de protestation :

« Jelks », dit-il. Je l'observai et le vis parfaitement serein, la hache à la main. La tête de Lady Turton se trouvait là aussi, toujours coincée dans l'ouverture mais son visage avait pris une inquiétante couleur de cendre, sa bouche s'ouvrait et se fermait, émettant des sortes de gargouillis.

« Voyons, Jelks, disait Sir Basil, où avez-vous donc la tête ! Cette chose est beaucoup trop dangereuse. Passez-moi la scie. » Tandis qu'il changeait d'outil, je vis, pour la première fois, deux petites roses ardentes éclore sur ses joues. Au-dessus, au coin des yeux se dessinaient les très légers frémissements d'un sourire malicieux.

DU MÊME AUTEUR

DANS LA MÊME COLLECTION

ANGLAIS

ALLEMAND

Composition PCA/CMB graphic
Impression Maury Imprimeur
45330 Malesherbes
le 2 mai 2016.
Dépôt légal : mai 2016.
Numéro d'imprimeur : 208527.

ISBN 978-2-07-078398-4. / Imprimé en France.

297940